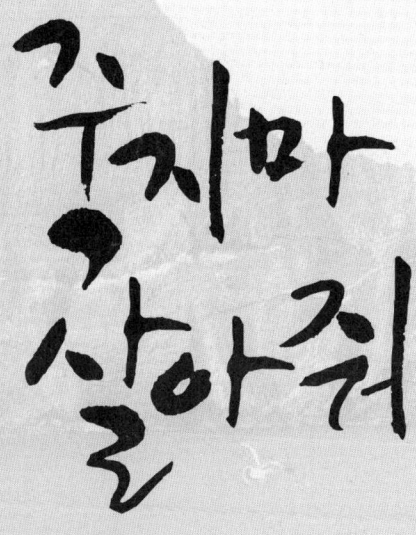

죽지마 살아줘

루킴 시집
Collected Poems of Rou Kim

Don't Commit Suicide,
Please Survive

가슴KASSM

*존경하는　　　　　　　　님께 드립니다.

----

*아름답고 사랑스런　　　　　님께 드립니다.

----

*생명을 사랑하고 통일을 갈망하는
　　　　　　　　　　　　님께 드립니다.

----

*독도처럼 고독하고 매력적인
　　　　　　　　　　　　님께 드립니다.

　　　　　　　(　　　　　　) 드림

| 시인의 변명 Vindication of poet |

'다시 한 번 숨쉬고 싶다'
I want to breathe once again

부끄러운 백 편의 시들로 세상에 도전한다.
좌절과 분노와 공격성, 그리고 사랑과
연민과 애국심이 거칠게 들어 있다.
죽고 싶은 마음 살고 싶은 마음도 들어 있다.

조용히 세상 멀리서, 때로는 더러운 세상 욕을 해 가며 때로는 침묵하다가 그렇게 가려고 했었다.
하지만 그냥 죽기는 억울하고, 또 비겁한 것 같아서 이렇게 내 생애 마지막으로 세상과 만나고자 한다.
이렇게 세상을 향해 다시 한 번 숨쉬고 싶다.
신문에 보도된 수많은 이름 없는 서민들의

한 많고 애달픈 자살을 보면서 가슴이 무너졌었다.
녹두장군의 잘린 목과 명성황후의 불탄 시신 앞에서도 많이 울었다.
아베의 가슴에 칼을 넣고도 싶었다.

백 편의 시를 만들면서 독도와 가까워졌다.
그의 외로움, 깊은 고독, 강인함, 의연함 앞에 무릎 꿇고 그에게로 달려가 살려달라고 기도했다.
힘을 얻었다.

서럽게 죽어간 이 땅의 모든 자살자들의 영혼과,
효도 못한 아버지의 무덤 앞에,

그리고 치매요양원에 계신 착한 어머니에게
이 시집을 바칩니다.

2014년 벚꽃 떨어지는 4월
루킴 Rou Kim

| 비평 Review |

'생명에 대한 믿음, 그리고 독설'
'Belief in life and blistering remarks'

 루킴(Rou Kim), 그는 시사적인 밑그림 위에 숙성된 종교적 사유와 사회철학, 역사인식을 채색하는 방식으로 시를 썼다.
 어느 때보다 삶과 죽음의 벌거벗은 본질이 사회적 화두가 되고 있는 시점에서, 루킴은 '시(詩)'라는 친구를 만나 첫 대형시집을 발간하면서 '생명은 그 누구도 소유하거나 빼앗을 수 없고 저버릴 수 없는 것'임을 중량감 있게 갈파한다.
 〈죽지마 살아줘〉 이 시집에 실린 시들은 관점에 따라 칼럼이요 설교요 강론이 되기도 한다. 또 자살하려는 이들에겐 강력한 생명의 밧줄 역할을 할 수도 있고, 개인의 자살을 간접적으로 방조하는 자본주의 사회시스템의 환부를 도려내는 날카로운 칼이 될 수도 있을 것이다.

사각전선(死角戰線)을 향한, 그의 생명에 대한 깊은 믿음과 우주적 상상력은 마치 선지자가 쏘아대는 독설과도 같다.

오직 사랑, 그 생명의 꽃만이 온 영혼과 이 시대에 퍼져있는 자살의 중독성을 해독할 수 있지 않을까.

오, 나와 그대, 죽음의 소비자들이여.

이영철 (목사, 문학평론가)

| 차례 Contents |

1부 나는 죽기 전에 ( )하고 싶다
I would like to do ( ), before death — 15

파란 별들과 황홀한 섹스를 Wonderful sex with blue stars — 16
죽기 전에 빨간 모자를 쓰고 Putting on a red cap before death — 18
죽기 전에 알까기 Spawning before death — 20
죽기 전에 ( )하고 싶다 I Would like to do ( ), before death — 22
꽃이 핀다 나는 하고싶다 Flowers blossom, I would like to do — 24
내가 청춘이라면 If I were young — 26
여행을 떠나라 Go travel — 28
안철수님께 Dear Mr. An Cheol-Soo — 30
오늘은 채원이의 첫 번째 생일날
Today is the first birthday of Chaewon — 32
자살은 거짓이다 Suicide is a lie — 35
죽은 자는 듣는가 Do You hear me, death — 37
낙선 시인의 죽음 Death of Defeated Poet — 39
뜨거운 바다로 들어가라 Go into the hot sea — 41
자장면 한 그릇 그리고 회냉면 One jajang and fish-naengmyeon — 43
나는 죽을 때 When I am dying — 45
죽은 사회의 시인 Poets of dead society — 47

2부 한국인의 자살중독, 아베의 대박비전
Suicide addiction of korean, Abe's great vision   49

한 남자가 죽었다 A man died   50
남자 나이 마흔 다섯쯤에 A man at the age of 45   52
젊은 아빠여 돌아오라 Come back young dad   54
아들아 미안하다 I am sorry my son   57
한국인의 자살 중독 Suicide addiction of korean   59
아베총리의 대박 비전 Great vision of Mr. Abe   62
그래서 우리는 슬프다 So we are sad   65
비가 온다 걸었다 It is raining, I am walking   67
한국인은 도대체 누구인가 Who the hell are korean people   70
어머니 몸에 손대지 마라 Don't touch your mom   72
지옥의 문을 부수고 Breaking the gate of hell   74
겨울 한강으로 To the winter Han-river   76
죽고 싶을 때 로또 사기 Buying lottery instead of dying   78
죽고 싶은 생각 Thinking of killing myself   80
반(反)자살 Anti-suicide   82
잠자는 것과 죽는 것 Sleeping and dying   84

3부 독도의 바다와 녹두정신
Sea of Dokdo and Nokdoo spirit — 87

독도에 가서 죽어라 Go to Dokdo and die	88
독도의 바다에서 At the Sea of Dokdo	89
독도에 가서 태양을 보고 Go to Dokdo and see the sun	91
우리는 독도다 We are Dokdo	93
벚꽃 폭풍처럼 떨어질 때 When cherry blossoms are falling like a storm	95
전봉준과 조선여인들 Jeon Bongjoon and Chosun women	97
녹두 정신 Nok-Doo spirit	100
아베와 후지산 Mr. Abe and Fuji mountain	103
사무라이의 침범 Invasion of samurai	105
아베의 맹세 Oath of Abe	108
민족의 푸른 영혼 The blue spirit of nation	111
어떤 가상의 핵전쟁 Some imaginary nuclear war	114
유목민의 죽음 Death of nomad	121
대동강, 그 얼음강 Daedong-river, that iceriver	123

4부 정치는 아는가, 가난한 소비자의 죽음을
Politics and death of poor consumers　　127

대통령 담화문 Presidential public statement　　128
개새끼 타령 Song for son of a bitch　　130
TV에 소주잔 던지기 Throwing soju glass to TV　　132
9시 뉴스에 침 뱉기 Spitting at 9 O'clock news　　134
소비자, 푸어(Poor)들의 천국 Consumers and the paradise of poor　　136
서울시장님, 소비자가 자살을 했답니다
Hey, mayor of Seoul, consumers have committed suicides　　139
가난한 자의 기도 Prayer of the poor　　141
닭이 사람을 잡다 Chickens kill people　　144
돈이 오는 길 The way money comes　　146
죽음보다 강한 향기 Stronger scent than death　　148
아버지의 태양 어머니의 자궁 Father's sun and mother's womb　　151
하얗게 죽은 할머니 White death of a grandmother　　153
죽음과 아름다움 Death and beauty　　156
저항하라 소비자여 Protest, consumers　　158
커피 향기 The aroma of coffee　　161
살아있는 사형수들 Condemned criminals　　163
쓸쓸한 남자 Solitary man　　165
양공주 마을의 추억 Memories of Foreigners' whore town　　167
소년은 짐승처럼 죽었네 A boy died like an animal　　169
맥도날드 할머니를 그리며 IN memory of Mcdonald-grandmother　　172

5부 죽지 마 살아줘
Don't commit suicide please survive   175

꽃은 왜 피는가 Why do flowers blossom   176
커피의 외침 A shout of coffee   177
왜 죽나 Why die   180
죽은 자의 후회 Regret of dead men   182
안 죽는 게 경쟁력이야 Survival is competitive power   184
미군부대의 추억 Memories of US army base   186
돌아와 바보야 Come back, my friend   189
정도전, 맹자를 불태우고 Jeong Dojeon, after burning Mencius   191
죽지 않는 사람들 이세돌, 박정환
Lee Sedol, Park Jeongwhan never die   193
왕따의 각오 Determination of a Wangda   195
한강의 행위예술 Performing art on the Hanriver   197
자살은 추하다 Suicide is dirty   200
겨울에 죽는 바보에게 To my friend dying in winter   202
꽃은 혀를 깨물지 않는다 Flowers never kill themselves   204
어느 행운의 아침 A lucky morning   206
죽고 싶을 땐 When you want to die   208
하늘도 때로는 죽음을 생각한다 Even the heaven thinks about dying   210
흰 꽃가마 타고 Riding a white flower-wagon   212

6부 누가 우리를 살려줄까
Who will save us   215

누가 하늘을 죽이는가 Who is killing heaven   216
후회하는 신 Regretting God   217
이 땅에 메시아를 Send Messiah to this land   219
발바닥 시인 A sole poet   222
어머니에게 가는 길 The road to mother   224
카인의 참회 Repentance of Cain   226
하나님 저 좀 Oh lord, please   228
강남사우나의 오케스트라 Orchestra in Gangnam-spa   230
부활하라 친구여 Resurrect my friend   232
치매 할머니 Dementia grandmothers   234
장금송을 위한 진혼가 Requiem for Jang-Gumsong   236
시간의 낭떠러지에 서서 Standing on the edge of time   238
성직자의 살인 The murder of a clerk   240
하나님 안녕하신지요 Hello God   242
마리아의 기도 Prayer of Maria   245
어머니의 두꺼비손 Mother's toad-hand   247
진도 앞바다, 2014년 4월16일 Sea of Jindo, 2014. 4. 16   249

| 에필로그 Epilogue | 오, 저 신의 숨소리를
       Oh, that sound of God's breathing   253

| 펴낸이 평가 Publisher's Valuation | '남자의 시, 한국인의 시'
       'Poem of man, poem of Korean   255

1부

나는 죽기 전에 (　　)하고 싶다
I would like to do, before death

파란 별들과 황홀한 섹스를
Wonderful sex with blue stars

가자
죽기 전에
사막에 가서 별을 보자
그 별들은 도시의 별과는 다르리

비겁하지 않고 신용불량 없고
실업과 부채에 시달리지 않는
별들이 거기 있으리

거기가 별들의 고향이 아니어도 좋다
거기가 천국이 아니어도 좋다
우리는 그 사막에 가서
다만 살아 있는 별들을 보고 싶다

그 사막 하늘에 뜬
예쁜 별들과 키스하고 싶다
그 사막 하늘의 파란 별들과
황홀한 섹스를 하고
돌아오리라

Rou Kim

죽기 전에 빨간 모자를 쓰고
Putting on a red cap before death

나는 떠나리라 죽기 전에
빨간 모자 깊이 한 번 눌러쓰고
스마트폰으로 웃으며 사진 한 장 찍어놓고
나는 떠나리라

남해로 내려가서 통영의 굴은 살 올라 있는지
여수의 낙지는 탱탱한지
부산의 갈매기는 잘 날고 있는지
나는 보리라

나는 죽기 전에
깨끗한 속옷을 갈아입고 서해로 뛰어가서
인천 차이나타운의 자장면을 먹고

구월동의 밴댕이구이와 소주를 마신 뒤
자월도로 가는 배를 타리라

또 나는 죽기 전에
몸을 깨끗이 씻고 동해로 달려가서
뜨거운 아침태양이 떠오르는
독도를 향해 큰 절을 올린 뒤
묵호에서 울릉도 가는 배를 타겠네
죽기 전에 빨간 모자를
멋지게 쓰고

Rou Kim

죽기 전에 알까기
Spawning before death

연어처럼
죽기 전에
알을 낳아라
유월 말 바다에서 놀던
수억 마리의 연어들은 강으로 간다
계곡으로 들어간다
모천을 찾아간다

연어들은 죽기 전에 그렇게
바다를 넘는 여행을 떠난다, 알을 낳기 위해서
알은 생명의 연결이고
알은 부활이고 다시 삶이며
알은 그래서 기쁨이다

연어처럼

죽기 전에 알을 까라

산란을 위해선 죽음도 두렵지 않으리

불곰과 낚시꾼들의 이빨은

오히려 재미있는 유희일 뿐

거기에 그들의 빛나는 죽음이 있다

죽음의 길은 그렇게

환희와 열망으로

가는 것이다

Rou Kim

죽기 전에 (   )하고 싶다
I would like to do, before death

나는 죽기 전에
여행을 하고 싶다
파란 모자 눌러쓰고
차를 몰고 달리고 싶다
천천히 호숫가와 강가를 달리며
멀리 눈 덮인 높은 산을 바라보고 싶다

나는 죽기 전에
과수원에 가고 싶다
청바지 입고 빨간 티셔츠 입고
사과를 따먹고 싶다
분홍색 복숭아도 따먹고 싶다
향기 나는 청포도도 마구 먹고 싶다

나는 죽기 전에 여의도에 가고 싶다
백정식당에서 얻은 성냥불을 켜서
신문지에 불을 붙여
국회의사당 지붕에 빨갛게
불을 놓고 싶다

나는 파란 모자 눌러 쓰고
좋은 날을 잡아
(   )하고 싶다

Rou Kim

꽃이 핀다 나는 하고싶다
Flowers blossom, I would like to do

꽃이 핀다
나는 일어난다
꽃이 핀다 나의 물건도 일어선다

꽃이 핀다
나는 걸어간다
꽃이 핀다 내 가슴도 커진다

꽃이 핀다
나는 죽음에서 도망친다
꽃이 핀다
나는 삶을 향해 탈출하고 싶다

꽃이 핀다
백목련 눈부시게 피어 있을
그 예배당에 가고 싶다
꽃이 핀다
그 꽃을 안고 잠자고 싶다

꽃이 핀다
빨갛게 잘 익은 그녀의 입술에
키스하고 싶다

Rou Kim

내가 청춘이라면

If I were young

내가 청춘이라면
엘리자베스의 나라 런던에 가서 사랑을 하리라

내가 청춘이라면
샤갈이 놀던 파리에 가서 그림을 그리리라

내가 청춘이라면
빅토르의 나라 모스크바에 가서 스케이트를 타리라

내가 청춘이라면
마윈과 잡스의 도시 샹하이와 뉴욕에 가서
장사를 하리라

내가 청춘이라면
쉴러와 괴테의 나라 베를린에 가서
평화의 시를 쓰리라

내가 청춘이라면
예루살렘과 테헤란을 오가며
사랑의 노래를 부르리라

내가 청춘이라면
자살하지는 않으리라
고통 많은 한국에서
뜨거운 피로 살아보리라

Rou Kim

여행을 떠나라
Go travel

죽고 싶거든 여행을 떠나라
그러면 너는 살고 싶어질게다
죽음도 여행이라고?
그건 거짓이고 기만이다
속지 말고 여행을 떠나라

번개탄 수면제 던져버리고 가죽벨트 잘라버리고
두 눈 똑바로 뜨고 파란 모자 쓰고
버스랑 기차 타고 떠나라
죽음은 얼마나 가볍고
죽음은 얼마나 어리석은 일인지
알게 될 게다

죽고 싶을 땐 멀리
여행을 떠나자
산과 들과 강과 바다는
그래서 있는 거지
세상의 많은 도시들 항구들
이름 없는 꽃들
너와 나를 살려주려고
거기 있는 거지

Rou Kim

안철수님께

Dear Mr. An Cheol-Soo

안철수님
자살 바이러스 막아주는
백신은 없나요
이 나라에 자살바이러스가 퍼져서
세계 자살 일등국이 된 지 10년이 넘었는데요

안철수님
안티자살 백신 하나
개발하시죠
컴퓨터 바이러스 백신보다
더 큰 대박 날 텐데요

새 정치는

안티 자살 복지정책
안티 자살 교육정책
반(反)자살 노동정책
반자살 경제정책
그런 것 해야 되는 거 아닐까요

아니, 어쩜 정치가 죽어버리면
백성들이 다시
살아날지 모르겠네요

Rou Kim

오늘은 채원이의 첫 번째 생일날
Today is the first birthday of Chaewon

오늘은 기쁜 날이었습니다
사랑스런 채원이가 지구의 새 주인이 된 지
만 일년이 된 날이니까요
오늘 우리는 채원이가 지구와 우주의 많은
별들을 다 가지고 다 예뻐하고 다 사랑해주기를
진심으로 바라며 축하해 주었습니다

우리가 못 다한 우주의 사랑 지구사랑 민족사랑
사람사랑을 채원이가 더 많이 해달라는
부탁과 함께 무거운 짐을 지워주고 왔습니다
예쁜 채원이의 반짝이는 두 눈과 건강한 몸과
당찬 꿈이 충분히 그것을 감당하리라고
우리는 믿기 때문에 즐거울 수 있었습니다

채원이 엄마는 간호사 출신, 아빠는 고아출신으로
건국대 건축학과를 졸업했고
서러움 속에서 눈물 젖은 빵을 씹으며
많은 날들을 고독하게 살아왔습니다
이들은 서울의 한 직접판매회사에서 만나
사랑하고 결혼하고 작은 아파트를 장만하고
카페를 운영하고 있습니다

우리는 젊은 두 부부에게 너무나 고맙고 감사해서
뜨거운 눈물이 담긴 축하의 봉투를
하나씩 전했습니다
채원이는 보배로운 민족의 딸이며,
두 부부는 애국자입니다

채원이의 가족과 가정이
독도와 백두산을 지키고
한국을 빛내줄 것이라고
우리는 정말로 믿습니다

Rou Kim

자살은 거짓이다
Suicide is a lie

죽음은 거짓이다
욕망이 남아 있는 한
그것은 진정 거짓이다
기쁘게 죽는, 웃으며 죽는
죽음은 없다
인간의 욕망이 살아 있는 한

자살은 더욱 거짓이다
죽음의 그림자 뒤에 숨을 뿐
생명의 혼불은 그 그림자 뒤에서
더욱 고통 받는다
타인의 육체를 빌려
다시 욕망을 이루려 하니

떠나간 그대는 아직 존재이다
누군가를 통해 그대 욕망은 아직 존재한다
자살한 혼불은 그래서 운다 서러워 운다
백년의 노예 천년의 노예가 되었으니

생명은 놀자는 것
욕망을 붙들고 한바탕 놀아보라는
우주의 명령
기뻐하라는 생명이다
반짝반짝 빛내라는 생명이다
자살은 거짓이다

Rou Kim

죽은 자는 듣는가
Do you hear me, death

새벽에 새가 왔다
새벽에 온 새는
이슬에 눈을 씻고
햇빛 내리기 직전의
흙에 입을 맞추고
흙의 처녀향을 맡고
기쁨에 넘쳐 하늘을 날아간다

그 우는 소리는 참새 같기도 하고
까치 같기도 하고
봉황 같기도 했다

산 자만이 저 새소리를 듣고

기뻐한다
죽은 자는 아는가 이 기쁨을
죽은 자는 듣는가 이 황홀한 울음소리를
죽은 자는 보는가
이 눈부시게 빛나는
아침을

Rou Kim

낙선 시인의 죽음
Death of defeated poet

나는 시인이 아니다
시를 쓸 자격이 없다 공식적으로
그래서 바보인가 어리석은 자인가
생각했다

또 생각해 보았다
나는 밥 먹을 자격은 있는가
밥은 수십 년 먹어왔고 또 먹을 텐데
그래서 밥에게 물었다
나 널 먹어도 되는가
널 씹고 사랑해도 되는가
된다 안된다 된다……

시를 쳐다보았다 별들을 바라보았다
시에게 물었다 별들에게 물었다
너를 써도 되는가 너를 만져도 되는가
너를 안고 널 위해 울어도 되는가
그리고 사랑해도 되는가
된다 안된다 된다 안된다 된다……

나는 시가 달리는 거친 수레바퀴에 매달려
질질 끌려가더라도
쓰기로 했다 죽기로 했다
사랑하니까

Rou Kim

뜨거운 바다로 들어가라
Go into the hot sea

그대 죽고 싶을 때
열차를 타라
어디서든 열차를 타고
동해바다로 가라
정동진역에 내려
모래 길을 걸어 걸어
뜨거운 열기 펄펄 솟아나는
아침 바다를 향해 가라

그 바다에 가면
원효의 무애가 아침 태양에 빛나고
장자의 노랑나비 흰 나비가
너울너울 춤추는 게 보일 테니

그때 뜨거운 바다에 들어가
죽어라

그대 삶의 고통을 죽이고
번뇌를 죽이고 좌절을 죽이고
비겁함과 옹졸함을 죽이고
고독을 죽이고 다 죽여 버려라
그리고 돌아오라
더 뜨거운 일상의 진실로

Rou Kim

자장면 한 그릇 그리고 회냉면
One jajang and fish-naengmyeon

친구야 자살하고 싶을 때는
자장면이라도 한 그릇 먹고 나서 생각해
더 먹고 싶으면
야채 많이 들어간 우동 한 그릇
더 하는 것도 좋아
혹시 아쉬움이 남으면
찹쌀 입힌 탕수육 하나 추가해도 괜찮을 거야
그러다 노곤하게 하품 나오면
한 숨 늘어지게 자봐

그까짓 것 한 번 가는 길
급히 서두를 것 뭐 있겠어
배부른 느낌 맛있는 느낌

느껴지면 좀 기다려

저녁엔 아님 내일은
혹시 피자 혹시 돌솥비빔밥 회냉면
어쩌면 큰 맘 먹고 비프 스테이크
한 번 먹어보면 어떨지 생각해봐 친구야
아 그리고 카톡해
자장면 먹고 싶다고
갑자기 회냉면이 먹고 싶다고

Rou Kim

나는 죽을 때
When I am dying

나는 죽을 때
15층 아파트에서 떨어지고 싶진 않다
너무 아프고 겁나고 고통스럽지 않겠니
나는 죽을 때
실패하고 빚 못 갚고 미안하고
그래서 스스로 괴로워 죽는다고
유서 같지 않은 편지 한 장 남기고
떠나고 싶지 않다
그건 너무 쪽팔리지 않겠니

나는 죽을 때
오래 돼 냄새나는 가죽 허리띠를 목에 매고
대롱대롱 매달려 있고 싶지도 않다

경찰들의 조롱거리가 되기엔
인생을 너무 무겁게 살아온 것 같아

나는 번개탄 피우고 소주 마시고
창문 걸어 잠그고 처량하게 죽어
썩은 냄새를 풍기고 싶지도 않다

나는 아이리스 장미 백합 수국 안개꽃
가득 피워놓은 정원에서
꽃향기 맡으며
죽고 싶다

Rou Kim

죽은 사회의 시인
Poets of dead society

죽은 사회에서
시인은 무엇을 해야 하나
밤낮 소주를 퍼마셔야 하나
촛불 들고 거리에 나가
사람들 눈빛을 살펴야 하나
너무 오래 찬 허리띠를 그만 풀러
목을 매야 하나

죽은 사회에서 시인은
어디로 가야 할까
시장에 들어가 칼을 들고
돈의 흐름을 바꿀 수 있을까
국회와 검찰에 들어가 목청 높여

정의를 다시 세울 수 있을까

아니면 시인은 이렇게
조그많게라도 속삭여볼까
누가 이 사회를 죽였어요
누가 이 사회를
다시 살릴 거예요

Rou Kim

2부

한국인의 자살중독, 아베의 대박비전
Suicide addiction of korean, Abe's great vision

한 남자가 죽었다
A man died

소주 먹고 춤을 추지
소주 마시고 하늘을 향해 외쳐볼걸
소주 한 잔을 들이켜고 주민센타나 노동부를
찾아가볼걸 그랬어

목맬 용기로 새누리당을 찾아가지
그 씩씩함으로 새정치민주연합도 찾아가지
청년아
부산의 서른네 살 용감한 청년아
어쩌자고 소주 서른 병을 다 마시고
원룸에서 목을 매는가

8개월 치 밀린 방세가 두려웠는가

일자리 빼앗긴 게 많이 부끄러웠는가
2013년 11월 11일 오후
청년은 부산 동래구 원룸에서
목이 떨어져나간 채 하얗게 매달려 있었다
그의 발밑엔 8개월 전에 쓴 이력서가
홀로 주인을 지키고 있었다

대학중퇴, 보일러기사 자격증 취득
저 좀 취직시켜 주세요
이력서 혼자 울고 있었다

Rou Kim

남자 나이 마흔 다섯쯤에
A man at the age of 45

그럴 때가 있었다
남자 나이 마흔 다섯쯤에
어디선가 뛰어내리고 싶을 때가
바다가 되었든 흘러가는 강물이 되었든
그런데 그는 아파트 옥상에서 떨어졌다

2013년 10월 6일 부산 기장군 모 아파트 화단에
그는 어린 아들과 함께 피 흘리며 부서져 있었다
아내는 딸과 외출했고 아들은 지적 장애아였다
유서엔 사업이 너무 힘들어 괴롭다고 썼다

15층 꼭대기로
여섯 살 어린 걸 데리고 간 건 비겁한 일이었어

사랑인가 빌어먹을 배려인가
혼자 가기 무섭고 외로웠으면 차라리 가지 말지
거기서 어린 아들을 떨어뜨린 건 하늘 아래 큰 범죄
죽음으로도 씻을 수 없는 죄악
우주의 생명을 범했으니

죽음으로 가는 길에선
누구의 손도 함께 잡아선 안 돼
거기엔 신의 손
아니면 악마의 손만 있을 따름이야
그럴 때가 있었어
남자 나이 마흔 다섯쯤에

Rou Kim

젊은 아빠여 돌아오라
Come back young dad

낼모레 돌잔치를 해줘야 할 아기가 있는데
그는 누굴 위해 죽었을까
삼성전자회장을 기소하면 젊은 아빠가 돌아오나
우리가 탈출할 곳은 생명뿐
우리가 도망칠 곳도 삶뿐인데

어린 아기를 생각하지
어여쁜 아내를 기억하지
가슴에 안고 손 꼭 붙잡고
올래길도 다녀오고 둘래길도 둘러오지
번개탄가스 먹고 쓰러진 모습 대신
웃으며 싸우고 살아남아 소리치는
아빠 모습 보여주지

돌아오라 젊은 아빠여
죽음에서 되돌아오라
죽음은 급하지 않으니
숨쉬라 생각하라 하늘을 보라
삶이 급하다 삶이 도망친다
죽음은 찾아오는 것
찾아가지 않는 것

죽음은 싸워서 물리치는 것
스스로 그 앞에 무릎 꿇지 않는 것
"삼성전자서비스 다니며 너무 힘들었어요"
애달픈 유서는 SNS를 타고
충청도 가을하늘 높이 올라갔다

2013년 가을,
그의 자살은
한국인의 사회적 죽음이다
젊은 아빠여
돌아오라

Rou Kim

아들아 미안하다
I am sorry my son

불을 질러라 불을 질러
잡귀 다 물리치고 행복한 곳 찾아가자
불은 따뜻하니 이생의 추운 정 다 버리고
애비와 함께 떠나자

불을 질러라 불을 질러
이제 그만 누워 있고 이 애비와 불놀이나 하러 가자
아들아 미안하다 아들아 사랑한다
사는 것 뭐 있어 한 바탕 불놀이로 마감하자

불놀이야 불놀이
아들아 이제 그만 가자 불가마 타고 가자
저기 불기둥 타고 오는 새색시가 있으니

어서 가자 어서 가

2013년 11월 18일 새벽,
충남 당진 송악읍 쉰다섯 살 김모씨,
어릴 적 교통사고로 25년간 고통받던
아들 옆에 누워서
그렇게 불을 질렀다

가자 아들아 불놀이 하러
가서 뜨겁게 다시 한 번 살아보자
식물인간도 가스배달도 이젠 그만
사랑한다 아들아 미안하다 아들아

Rou Kim

한국인의 자살 중독
Suicide addiction of korean people

중독이야
자살 중독증에 걸려 있어
한국인 모두가 지독한 중독 증세야
치료받아야 해 벗어나야 돼
이 병 못 고치면 한국민족 미래는 없을 거야

2004년 2월 안상영 부산시장,
옥중에서 목매 자살
2004년 3월 남상국 대우건설 사장,
한강에 투신자살
2005년 5월 이은주 영화배우,
우울증으로 목매 자살
2007년 1월 유니 가수, 우울증으로 목매 자살

2007년 2월 정다빈 탤런트, 목매 자살
2008년 9월 안재환 영화배우,
차내 연탄가스 자살
2008년 10월 최진실 탤런트, 목매 자살
2009년 3월 장자연 탤런트, 목매 자살
2009년 5월 노무현 대통령, 투신자살
2006-2012년 서울대학생 13명 자살
2011년 카이스트 대학생 4명 자살
2013년 11월 고려대 출신 9급 공무원, 투신자살
2013년 11월 여중생,
특목고 불합격 후 아파트에서 투신자살
2013년 11월 건국대생, 학교에서 투신자살
2013년 12월 70대 노부부,

남해 바닷가에서 동반자살
2014년 1월 수퍼쥬니어 멤버 부친,
노부모 살해 후 자살
2014년 1월 33세 주부, 8세 딸 살해 후 자살
2014년 2월 송파구 세 모녀,
번개탄으로 동반자살

안돼, 우린 살아남아야 해
돌봐주고 사랑하며
함께
살아남아야 한다고

Rou Kim

아베총리의 대박 비전
Great vision of Mr. Abe

아베 뇌 속엔 어떤 한국이 들어 있나
대학생 주부 공무원 기업인까지
매일 마흔 명씩 자살하는 나라
지난 십년간 자살공화국 돼버린 어리석은 나라
그래도 쉬쉬하며 넋 놓고 바라보는
바보같은 정부?

오백 년 천 년을 두고
한반도에 침흘렸던 일본
그 나라 총리의 21세기 비전은 무엇일까
거대한 에너지 간직한 작은 섬 독도가
머지않아 다케시마가 될 것이란 자신감
한국인끼리 죽고 죽이며 점점 사라져가면

동북아의 멋진 땅 한국을 다시 한 번
가슴에 품을 수도 있겠다는
벅찬 기대감
그러지 않고는 일본의 탈출구도 없겠다는
불안감
그런 것들이 아베의 대박 비전 배경일까

아이들 책에 다케시마는 일본땅이라 써놓고
이렇게 연설하고 싶겠지
일본 학도들이여 내가 그대들에게
한반도를 위대한 유산으로 물려주리라

자위대 장병들에겐 센카쿠열도를 중국으로부터

목숨 걸고 사수하라 명령했겠지
조선의 땅과 바다를
다시 한 번 독식해보자며

아베의 대박 비전은
한국 청년들에게
무엇이어야 하나

Rou Kim

그래서 우리는 슬프다
So we are sad

아내여 당신만 사랑했오
나 없어도 세 아이 잘 키워주오
어머니 부디 건강하세요 불효자 먼저 갑니다

기업어음 부실판매로 고객투자금 수천억
손실 입힌 동양투자증권 인천지점
30대 직원은 그렇게 갔다
2013년 11월 29일 아침
강화도 한 논길 승용차 안에서

뻔뻔한 그룹회장은 법정관리 신청해놓고
웃고 있는데,
결혼 10주년 앞둔 젊은 아빠는

그렇게 떠났다
착하고 양심적인 아빠들이
자꾸만 희생돼서
그래서 우리는 슬프다

인생은 직장보다 길고
가정은 공장보다 크고
생명은 통장보다 귀한데
그래서 우리는 슬프다

Rou Kim

비가 온다 걸었다
It is raining I am walking

비가 온다
올림픽대교 위를 걸어갔다
비가 온다
지갑 자동차 구두는
아산병원 주차장에 두었다
비가 온다 한강을 향해 다가갔다
아름다운 테크노마트 우아한 고층아파트
뒤돌아보니 아산병원 입원병동도 예뻤다

비가 온다 올림픽대교에서 뛰어내렸다
비가 온다 강물 속에 영화관이 있었다
비가 온다 전두환은 연설하다 재판받고
학생들은 종로 시청 앞에서

이리 저리 뛰다 피 흘리고
노태우는 러시아를 갔다 오고
김영삼은 IMF 서류에 서명하고
김대중은 김정일과 악수하고
노무현 장례행렬이 광화문을 지나고
이명박이 큰 강 넷을 파헤치고
그리고 그리고
많은 사람들이 낙동강 금강 영산강
한강 대동강에서
떨어지고 있었다

비가 온다
강물 속에서 그런 영화를 보았다

비가 온다 똥물 속에서 물고기들이 놀고 있었다
물고기들이 행복해 보였다
비가 온다 숨이 찼다 땅으로 나가고 싶었다
비가 온다
죽기 싫었다 살고 싶었다
비가 온다
햇빛이 보고 싶다

Rou Kim

한국인은 도대체 누구인가
Who the hell are korean people

한국인이 자살을 다 하는구나
춤추고 노래하기 좋아하던 이 사람들이
신문 방송 네이버 구글...
어디에서도 한국인들이 목을 매고 가스를 마시고
강에 빠지고 아파트에서 꽃잎처럼 떨어지고 있네
삼성전자 돈 많이 벌고 현대차 많이 팔린다는데
이게 무슨 일일까

한국인은 왜 살고 왜 죽는지
그것이 알고 싶다
한국인은 어디서 와서 어디로 가는지
그것도 알고 싶다
한국인은 누구인지

일본 중국 미국인과 어떻게 다른지
그것을 알고 싶다

그들의 영혼 붙잡고 있던
천오백년의 불교 칠백년의 유교 삼백년의 예수교
다 어디로 갔을까
세계에서 가장 많이 자살하고
제일 많이 이혼하고 아이들 가장 적게 낳고
한국인은 도대체 누구인가
이 땅에서 살아가는
희망은 무엇인가

Rou Kim

어머니 몸에 손대지 마라
Don't touch your mom

루우벤은 야곱의 침상에 뛰어 올라갔다
젊은 혈기로 아버지의 여인을 범했다
그는 아버지의 저주를 받았다
장자의 권리와 축복도 빼앗겼다
창세기에 그렇게 써 있다

2014년 1월 7일 밤 대전
한 아들이 어머니의 목을 졸라 숨지게 하고
그도 넥타이로 목을 매 숨졌다
아들은 53세 어머니는 96세
"채무가 많아 감당하기 어렵다
어머니를 부양하기 힘드니 함께 모시고 가겠다
애들을 부탁한다" 유서를 남겼다

아내와 자식을 사랑했나 보다
그래도 그는 저주받을 것이다
어머니 몸에 손을 댔으니
그의 영혼은 찢길 것이다 신의 영역을 범했으니
그는 저세상에서도
천국의 권리와 축복을 빼앗길 것이다
어머니 생명을 거두었으니

세상의 아들들이여
네 어머니 목숨을 거두지 마라
네가 정녕 찢기리라

Rou Kim

지옥의 문을 부수고
Breaking the gate of hell

잠시 눈을 감아봐
그대 삶의 바퀴가 지나온 시간과 거리들을
추억해보자
정말 이 순간 삶을 끝내야 할 만큼
지옥 같았는지 생각해 보자

잠시 눈을 감아 봐, 진짜 지옥은 무엇일까
스스로 목숨 끊도록 강요하는 마음
그것이 지옥 아닐까
그대 마음 속 깊은 곳에 지옥이 있을지 몰라
그 마음의 문을 부셔버리고 탈출하면 어떨까

그대 잠깐 눈 감고 그대 태어나던 시간과

엄마의 자궁과, 기억이 안 나면
엄마 주변의 공기와 바람과 햇빛과 달빛을
마음에 그려 봐

잠시만 눈감고 나에게 생명을 주었던
우주의 음성을 함께 들어보자
눈감고 기다리면 들릴지 몰라 보일지 몰라

우리가 닭털처럼 바람에 날리는 존재로
떠날 순 없잖아
너와 나는 우주의 자식이야
태양의 아들 달의 딸일 수도 있어

Rou Kim

겨울 한강으로
To the winter Han-river

차가운 한강으로
걸어갔다
피는 얼어도 마음은 따스해질 것 같았다
거긴 착한 영혼들이
많이 다녀갔을 것이다

더러는 한강으로 깊이 들어갔을 것이고
더러는 깊은 한숨 몇 번 쉬고
눈물도 흘리다가
말없이 돌아섰을 것이다

차가운 한강으로 들어갔다
무릎까지 시원한 기운이 감돌았다

검은 뇌가 점점 하얘지기 시작했다
여긴 분명히 착하고 여린 영혼들만
살고 있을 것이다

삼십년 아니 백년 세월의 추억들이
한편의 영화처럼 스쳐 지나갔다
나는 그때
겨울 한강으로 걸어갔다

Rou Kim

죽고 싶을 때 로또 사기
Buying lottery instead of dying

나는 십년 전부터 죽고 싶었다
사실 죽고 싶지는 않았다
죽어야겠다는 생각을 했을 뿐
죽으려고 시도도 했었지
강에서 바다에서 산 위에서 높은 빌딩에서
두렵고 서러웠지

죽고 싶을 때 지하철을 몇 번 타보았다
세상 사람들 얼굴이나 한 번 보려고
거기서
'1주일간 행복하려면 로또를 사세요'를 보았지
로또를 샀다 하루에 천 원짜리 한 장씩
즐거움이 생기기 시작했다

그렇게 십년간 샀다
그날 이후 십년을 즐겁게 살아온 셈이지
최고 당첨금은 오만원, 스무 번쯤
나는 아직 살아 있다 조금 행복하게
하루에 천 원씩
투자 갬블 배팅 도전 희망 꿈
그런 단어들을 달콤하게 읊조리면서
그리고 잠들 때마다
자선사업 세계여행 통일기금 평화공원
그런 허황되고도 야심찬
프로젝트를 생각하며

Rou Kim

죽고 싶은 생각
Thinking of killing myself

당신은 내 인생에 도움이 안돼
라고 그녀가 말했을 때
나는 죽고 싶었다
한 달간 죽어야겠다고 생각했다
생각하지 않아도 언제나
그 생각으로 뇌가 꽉 차 있었다
그렇게 일년이 지났다

지금도 그 생각 앞으로도 그 생각에
사로잡혀 있을지 모른다
그녀가 오늘 또 그런 말을 했다
나는 여전히 죽고 싶다는 생각을 한다
언제 죽을지 어떻게 죽을지는 모른다

답답하고 갑갑하고 어지럽고
슬프고 우울할 뿐이다

그때 나는 죽으려 했다
당신은 내 인생에 도움이 안돼
라고 그녀가 말했을 때

Rou Kim

반(反)자살
Anti-suicide

타인의 자살을 막을 힘이
내게는 없다
타인에게 자살하지 말라고
위로하고 경고하고 옷소매 붙잡을 힘도
내게는 없다

아침에 일어날 때마다
나도 죽고 싶었는데
새삼 내가 누구를, 누구에게, 무어라고.....

다만 나는 자살을 반대할 뿐
스스로 목숨을 거두는 것은
더럽고 비겁하게 느껴져서

'아 씨발'하며, 영원히 내가 나에게
나의 가련한 영혼에게
투덜대고 욕하고 싸우고 때리고
지랄할 것만 같아서

나는 스스로 거두는 죽음을 반대한다
어차피 너나 나나 우리나 그들이나
다 죽을 텐데 무얼 그리 서두르랴
나는 반대한다
그래서 나는
살아 있다

Rou Kim

잠자는 것과 죽는 것
Sleeping and dying

잠을 자는 것은
죽음과 비슷하다
하지만 죽는 것은
잠자는 것과 같지 않다

나는 죽고 싶을 때
잠을 잔다
잠시 잊고 쉴 수 있으니까
생각도 없고 고통도 없이
하지만 육체를 버리지는 않는다

잠을 청하기 전에 나는
구십억 원짜리 로또가 당첨되는 상상을 한다

의도적으로 즐거움을 갖기 위해서다
그러면 짧은 죽음은 행복해진다

긴 죽음이건 짧은 죽음이건
인간으로 태어나
다시 돌아갈 수밖에 없다면
나는
즐겁게
죽고 싶다

Rou Kim

3부

독도의 바다와 녹두정신
Sea of Dokdo and Nokdoo spirit

독도에 가서 죽어라
Go to Dokdo and die

청춘아
죽겠거든
독도에 가서 죽어라
거기서 밤하늘의
별을 세다가 죽어라

윤동주의 별을 세고
이순신의 별을 세고
안중근의 별을 세어라

그리고 너의 별을 찾아라
그 섬의
밤하늘에서

Rou Kim

독도의 바다에서
At the Sea of Dokdo

독도의 뜨거운 아침 바다에서
몸을 씻으면
몸 병이 나으리

독도의 차고 푸른 저녁 바다에 가서
마음을 씻으면
우울증 홧병 정신병이 나으리

독도의 신성한 밤바다에 들어가
여인이 자궁을 씻으면
강한 한국의 아들
아름다운 한국의 딸을 낳으리

독도의 새벽바다에 나가
머리를 담그고 영혼을 씻으면
우주가 보이고 모국이 보이고
민족이 보이리

독도는 우리니까
우리는 독도니까

Rou Kim

독도에 가서 태양을 보고
Go to Dokdo and see the sun

네가 누구인지 알고 싶거든
가라 독도에
네가 왜 살아야 하는지 알고 싶거든
가라 백령도에

거기 독도에 가서
갈매기를 만나고 태양을 다시 보고
바다 속 문어를 보고 오래된 바위들을 보아라
거기 독도에 가서 동해 건너 일본을 향해
외쳐보아라 '아베는 할복하라 아베는 할복하라'
그냥 소리쳐보아라 알게 될게다
네가 누구인지

거기 백령도에 가서
해삼을 먹고 소라를 먹어보아라
진득한 갯벌을 밟고 짠 바닷물도 마셔보아라
거기 백령도에 가서
강 건너 이웃동네 같은 북쪽 땅을 바라보며
외쳐보아라
사랑한다고 사랑한다고
그냥 소리질러 보아라
알게 될게다
네가 왜 살아야 하는지

Rou Kim

우리는 독도다
We are Dokdo

독도가 있어서
우리가 커진다
독도가 거기 있어서
한국이 위대해진다

독도가 있어서
우리가 사랑을 한다
독도가 거기 있어서
우리가 할 일이 있다

독도가 있어서
우리는 자살할 수 없다
독도가 있어서

우리는 하나가 된다
우리는 독도다

Rou Kim

벚꽃 폭풍처럼 떨어질 때
When cherry blossoms are falling like a storm

개나리꽃 왔다 가고
진달래꽃 피었다 지고
목련꽃 하얗게 웃다가 서글프게 떨어지네

이제 벚꽃 까르르 웃으며 군무를 추다가
폭풍처럼 떨어지는 날
그날 아침에 아베여
총리관저 앞마당에 흰 옷 입고 나와서
무릎 꿇고 눈감고
사무라이의 칼 거꾸로 빼들어라
그리고 찔러라 할복하라
찔러라 할복하라

내 죽기 전에
독도바다의 차가운 물을 떠다
그대의 추한 피를 씻어주리라
그 바다의 신성한 물을 가져다
그대 악혈(惡血)을 씻어주리라
벚꽃 폭풍처럼
떨어지는 날에

Rou Kim

전봉준과 조선여인들
Jeon Bongjoon and Chosun women

그가 외칠 때
여인들은 울었네
죽음에서 일어난 농민후손들 위해
그가 한양을 친다면 함께 가리라 하며
동진강을 건너면 같이 건너리라 했고
만경강을 넘으면 함께 그리하리라 했었네

1894년 고부관아를 치고 녹두장군 앞에 모인
8천의 농민군 뒤에 그 조선 여인들 있었네
정읍 고창 무장 영광 함평 차례차례 치고 나서
전주성 떨어뜨릴 때
조선 여인들 기쁜 손으로 밥 지어
눈물로 보리고추장 비벼 비벼

아들들 남정네들 보리비빔밥 퍼먹이었네

여인들은 꿈을 꾸었네
초여름 논밭에 보리꽃 피고
초가을 산언덕 붉은 메밀대에
흰 꽃 피어날 때
아무것도 한양에 빼앗기지 않고
아가들과 밥 잘 먹고
사는 꿈을

그래서 울었네
꿈 고파서 울었네
찔레꽃 그 흰 꽃보다

메밀꽃 그 하얀 꽃보다
더 희게 더 하얗게 울었네
녹두장군 따라가며
울었네

Rou Kim

녹두 정신
Nok-Doo Spirit

새야 새야 파랑새야
전주 고부 녹두새야
어서 바삐 날아가라

보리술 한 사발씩 들이켜고
이 노래 부르며
백이십년 전 조선 농민들
녹두장군과 함께 창을 들었네

사람이 하늘이라 농민이 천하의 뿌리라 해서
그 말 그 정신 믿고 혼을 들고 일어섰네
죽을 줄 알면서 따라 나섰네

동진강 만경강 건넜으나
금강을 앞에 두고 한강을 멀리 두고
아베의 긴 칼에 녹두장군 목 잘릴 때
김제평야 드넓은 벌판에서
그들은 울었네
청포장수 울었네

파랑새떼 녹두새떼 조선을 휩쓸어
명성황후 가슴 찔리시고
고종황제 옥새 빼앗기시니
그 역사의 한(恨), 그 핏물 아직도
독도 앞바다에 흥건하여라

아, 이제는 긴 창 높이 들고
동해바다 건너
도쿄만으로 진격할거나
아 농민이여 !
아 민족이여 !
아 한국인이여 !

Rou Kim

아베와 후지산
Mr. Abe and Huji-mountain

후지산이 명령한다
아베총리 할복하세요
아베총리가 변명한다
내가 왜 할복합니까 할 일도 많은데

후지산이 묻는다
일본은 어디로 가야 됩니까
아베가 답한다
가긴 어디 갑니까 여기서 살지요
후지산이 다시 묻는다
아베씨 일본이 오래 살아야 합니까
당신이 오래 살아야 됩니까
아베가 답한다

일본도 오래 살고 나도 오래 살아야지요

후지산이 지적한다
일본이 오래 살려면 당신이 짧게 살아야 되고
당신이 오래 살면 일본은 곧 죽습니다
아베가 반론한다
후지가 옛날 후지가 아니군요 너무 후지네요
후지산이 화가 났다
나는 일본국민의 대변자예요
아베씨 빨리 할복하세욧
나 곧 터질 거예욧

Rou Kim

사무라이의 침범
Invasion of Samurai

재팬 사무라이들이
경복궁 담을 넘었다
검은 옷에 칼을 들고
조선 26대 왕 고종의 왕비
명성황후를 살해하던 날

놈들은 눈앞에 보이는 궁녀들을 무차별 칼로 베고
조선국모를 쓰러뜨려 가슴을 짓밟고는
칼을 찔러 넣었다
놈들의 이름은 아베 신조, 기시 노부스케,
이토 히로부미, 미우라 고로
우리는 그렇게 기억해야 할 것이다

피 흘리는 황후의 시신을 경복궁 흙밭에 던지고
사무라이들은 사케 병을 흔들며 불을 태웠다
1895년 10월 8일 을미사변이다
황후도 타고 경복궁도 타고
조선도 불탔다

도쿄의 일본군부 수뇌부는
'여우사냥 임무완수'라는 보고를 받았다
그들은 뜨거운 사케를 마시며
'일본천황 만세'를 불렀다
'조선합병 만세'도 불렀다
'조센징 빠가야로'라고 소리쳤다
피 묻은 입술로……

조선 청년들은 칼도 활도
분노도 없었나
오늘 한국 젊은이들의
최종병기는 무엇인가

Rou Kim

아베의 맹세
Oath of Abe

'스승님 제가 올바른 판단을 하겠습니다'
쇼인신사에서 아베총리는 무릎 꿇고
두 손 모으고 눈감았다 그리고 맹세했다

일본 침략주의의 정신적 스승
요시다 쇼인이 묻힌 곳에서
"침략역사는 없다 평화헌법 태워버리고
집단적 자위권 발동과 재무장 반드시 한다
마침내 독도 제주도 부산 서울을 다시 짓밟고
일장기 휘날리는 한반도에 가서
뜨거운 사케를 마시리라"
그랬을 것이다

쇼인신사는 일본 남쪽 야마구치현에 있다
거기엔 아베의 외조부이며 A급 전쟁범죄자인
기시 노부스케의 사진이 걸려 있다
안중근에게 총맞은 초대 조선통감
이토 히로부미 얼굴도 있다
악명 높은 초대 조선총독
데라우치 마사타케도 있다
1895년 을미사변 때 명성황후의 하얀 가슴에
붉은 니뽄도를 찔러넣은 주모자
미우라 고로란 놈도 거기서 태어났다

아베총리의 부친과 그 위 선조 모두
야마구치 태생이다

한국 청년들은 분명히 기억해야 할 것이다
아베의 맹세를,

그리고 준비하고 다짐해야 할 것이다
헛되이 죽지 않고 살아남아서
일본과 아베와 이토와 미우라와 쇼인을
쓰러뜨릴 최종 병기를 만들어
독도와 백두산과 서울을
지킬 것이라고

Rou Kim

민족의 푸른 영혼
The blue spirit of nation

임진강에서 흘러라 서해바다로
남대천에서 흘러라 동해바다로
민족의 푸른 영혼이여

1905년부터 109년 동안 하루도 쉬지 않고
2014년 오늘까지 한 시간의 게으름도 없이
붉은 피로 그리워하고 또 그리워하며
흘러온 민족의 푸른 영혼
이제 한 몸이 되소서

노래하라 동해의 명태처럼
베링해를 돌아 힘차게 달려오는
그 웅대한 함성으로

춤추어라 대해의 연어처럼
태평양 돌고 돌아 모천 찾아 회귀하는
저 질기고 웅혼한 생명력으로

우리는 기필코 하나 되어야 하느니
이제 대동강을 찢고 한강을 찢어내어라
두 물줄기 서로 만날 수 있도록
오랜 세월 썩고 녹 슬은 죽음의 강에서 일어나라
긴 세월 슬픔에 잠겼던 죽음의 바다에서 솟아나라
민족의 푸른 영혼이여

이제 거기 사랑만이 흐르게 하라
붉고 붉은 심장의 핏줄기 같은

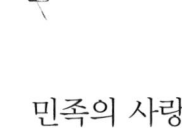

민족의 사랑만이
그 새로운 강
새로운 바다에
흐르게 하라
흐르게 하라

Rou Kim

어떤 가상의 핵전쟁
Some imaginary nuclear war

핵은 우주의 첫 에너지
그것은 태양을 불타게 하는 힘
코스모스를 피어나게 하는 신비
우주의 마차를 달리게 하는 채찍

태초에 핵이 있었노라
핵이 기(氣)가 되고 에너지가 되라 하매
그리 되었더라
그 위대한 힘이 우주를 향해 빛이 있으라 하매
세상에 색(色)이 생겼더라
신은 이쁘다 아름답다 아주 좋다고 말했더라

태초의 핵에 디자인이 얹어지니

하늘이 되고 땅이 되었더라
하늘은 천(天)이라 하고 땅은 지(地)라 하니
하늘은 검고 땅은 누렇더라
누런 땅에 푸른 물이 솟아나고
하얀 산소가 생겨나고
갈색 나무들과 초록 채소들의 종자가 만들어지니
그 모든 것들이 지구라는 별에 생겼더라

어느 아름다운 날
숲속의 동물들 가운데 제일 잘난
인간이 들판으로 뛰어나왔더라
태평양 왼쪽 동아시아에
중국 한국 일본 세 나라가 자리잡았는데

한국 일본 두 나라 사람들은 오랜 역사를 두고
사귀고 사랑하고 미워하고 싸우고
그러다 전쟁하고 죽이고 증오하고
경계하며 살았더라

어느 날 일본의 후쿠시마란 동네에서
엄청난 해일로 핵발전소가 파괴돼
태평양은 죽음의 바다가 되고
일본이 핵폭탄 맞고 패전한 지 70주년 되던 해에
북한의 젊은 지도자 JE가
일본 정치인들의 역사 왜곡과 군국주의 부활에
분노해 도쿄와 야마구치현 두 곳에
핵폭탄을 날리려는 계획을 검토했더라

일본방위청은 이 계획을 탐지해
AB총리에게 보고하고,
AB는 그렇다면 우리가 먼저 JE의 땅에
선제공격을 해야겠다고 결의한 뒤
평양과 신의주에 몰래 개발해놓은
핵미사일을 하나씩 날렸더라
평양의 JE는 이를 즉각 보고받고
뭐하느냐 빨리 도쿄를 때려라 하며
불같이 화를 냈더라
2015년 8월15일 오후 여름해가 지기 전
평양 신의주 도쿄 야마구치 네 곳에
핵폭탄이 동시에 작렬해 지구를 흔들었더라
동아시아는 거대한 불덩이에 잠기고

하늘은 검은 핵 연기로 어두워지고
그리고 신은 침묵했더라
대신 CNN BBC CCTV 알자지라방송은
즉각 이 소식을 세상에 전하며
지구와 인류의 종말을 걱정하였더라

한편 베이징의 권력자들은
동북지방의 우리 인민들도 죽었으니
우리가 일본을 마저 때려야 되지 않겠냐 하고
백악관은 차이나군의 동향을
1초단위로 예의주시,
괌과 오키나와의 핵항공모함을
제주도 쪽으로 항진시켰더라

서방 언론들은 한반도에서 1천만 명이 죽고
일본열도에서 3천만 명 가량이 사망했을 것이며
앞으로도 수천만 명 더
핵방사능 후유증으로 죽을 수 있다 하였더라
동아시아 천지가 울부짖고
애도하고 통곡하며 슬퍼하였더라

그런데 양쪽 땅에 살아남은 자들 가운데는
정신이 나갔는지
이상한 소리를 하는 자들도 있었더라
조선인이 많이 죽어 잘 됐다,
일본인이 많이 죽어 잘 되었다 같은……
또 한 쪽에선 좁은 땅에 살 만한 사람만 남았으니

이도 나쁜 일은 아니라 하고,
또 어떤 데서는 이는 신의 숨은 섭리요
비밀스런 축복일지도 모른다며
미친 소리를 하는 이들도 있었더라

그 후 천일 밤낮을 가리지 않고
한반도와 일본열도엔
검은 죽음의 비가 내렸더라

Rou Kim

유목민의 죽음
Death of Nomad

유목민은 죽는다
사막에서 죽는다
죽기 살기로
치열하게 살다가

유목민은 이동한다
목마르고 배고플 때
사막의 미친 바람이 불어올 때도
죽을 때까지 이동한다
새 땅 새 물을 찾아서

그래서 노마드(Nomad : 유목민, 방랑자)다
거대한 절망의 폭풍이

길을 막아도
그들은 간다
새 풀을 찾아서
새 길을 찾아서
착한 양들을 데리고

Rou Kim

대동강, 그 얼음강
Daedong-river, that iceriver

포성
사람들 아우성, 잔인한 하늘
고향집 언덕에서 어머니 손을 놓고
우리 딸 잘 부탁한다는 마을 노인의
떨리는 목소리를 목 뒤로 들으며
나는 떠나왔다

1951년, 아수라장처럼 폭파된 대동강 다리
판때기들을 붙들고
주검이 떠다니는 그 얼음강을 건넜지
그녀의 두 가슴을 뒤에서 보듬을 땐
1월의 대동강물도 따스하고 달콤했지

인민군들의 고함소리가
달빛 품은 구름 속에서 메아리쳤어
누구의 총알이든 내 여자의 몸에
피 흘리게 하긴 싫었어 그럴 순 없었어
피난 보따리에서 얼어붙은 누룽지를 꺼내
그녀의 입에 물려주며 나는 또 임진강을 건넜었지
발톱이 빠졌는지 발등이 얼었는지
그런 건 중요하지 않았어

스물두 살, 그리고 그녀는 스무 살
검은 기러기 날아가는 붉은 하늘을 쳐다보며
우리는 처음으로 웃어보았어 임진강 숲속에서
평양의 학교, 책가방, 교회성가대, 아버지 산소

모두 임진강에 빠뜨려 버렸지
그리고 나는 난생 처음 바지를 벗고
그녀에게로 달려갔었어

그 추억 그 눈물로
서울에서 60년을 살아오셨다고
내 아버지는
나에게 말했지

Rou Kim

4부

정치는 아는가, 가난한 소비자의 죽음을
Politics and death of poor consumers

대통령 담화문
Presidential Public Statement

사랑하는 대한민국 아빠 엄마 여러분
나 보기가 역겨워 가시더라도
제발 아기는 놓고 가 주세요
청와대 앞이나 정부청사 앞에 놓고 가시면
우유랑 쌀밥이랑 잘 먹여서
예쁘고 건강하게 잘 키워 드리오리다

존경하는 대한민국 엄마 아빠 여러분
기왕이면 아니 가시면 좋으련마는
나 보기가 역겨워 꼭 가실 때에는
어렵게 결혼하고 힘들게 낳은 아기들인데
부탁컨대 아이들만은 청와대 앞마당에
사뿐히 놓고 가시옵소서

가시는 걸음걸음 후회 없도록
영어유치원도 보내고 대학도 보내서
독도도 지키고 백두산도 지키고
이어도도 지키고 스마트폰도 지키도록
목숨 걸고 훌륭하게
잘 키워 드리겠나이다

Rou Kim

개새끼 타령

Song for son of a bitch

개집에 있어라
개새끼들은
여의도에 나오지 말고
청와대 근처에도 가지 말고

개판에서만 놀아라
개새끼들은
법 위에서 놀지 말고
국민 머리 위에서 놀지 말고

개밥만 먹고 살아라
개새끼들은
국민 세금 축내지 말고

국가 재산 훔쳐 먹지 말고

개죽음을 맞게 하라 개새끼들은
사람들은 사람답게
살게 하고

Rou Kim

TV에 소주잔 던지기
Throwing soju glass to TV

내 아버지는 매일 밤 9시에
TV를 보며 소주를 마셨다
맨정신으로 9시 뉴스를 볼 수 없다 했다
그는 매일 밤 TV를 향해
소주잔을 집어던졌다
'저 놈들 저 놈들' 하시며

그 소주잔을 맞고 죽은 재벌
국회의원 총리 장관 대통령 다 합치면
한 삼백 명은 될 듯하다

어느 날 삼백 번의 소주잔을 맞은
삼성TV는 수명을 다하고 죽었다

내 아버지는 더 이상 9시 뉴스를 볼 수 없었다
아버지도 살 만큼 사시고
어느 날 암으로 돌아가셨다
웃으며 손을 흔들며

Rou Kim

9시 뉴스에 침 뱉기
Spitting at 9 o'clock news

나는 TV에 침을 뱉는다
침에 독을 품고 TV에 칵 뱉어버린다
주로 밤 9시 뉴스시간에……
그때 놈들이 많이 나타나기 때문이다
나는 TV에 나오는 정치꾼들을 잡는
사냥꾼이 되었다

나는 아버지처럼 소주잔을 던지지는 않는다
나는 그들에게 침을 뱉는다
그들에게 권력이 있으므로
그러면 놈들이 하나씩 죽어간다

한 놈은 뇌물을 먹고

한 놈은 선거법 위반으로
어떤 놈은 성추행이나 논문표절로
또 어떤 놈들은 국민심판을 받고

TV에 침을 뱉어야만 자살하지 않고
하루하루 견딜 수 있을 것만 같아
나는 오늘도 놈들에게 침을 뱉는다
그들에게 권력이 있으므로

Rou Kim

소비자, 푸어(Poor)들의 천국
Consumers and the paradise of poor

불쌍한 소비자들
때로는 굶주림과 죽음으로 내몰리는 소비자들
노동기회도 없이 소비능력도 없이
연금도 기초수급도 못 받으며
빼앗김의 겨울 한 구석에서 울고 있습니다

소비자는 자본주의 세계의
버림받은 쓰레기 같은 존재인가요
그렇습니까 재벌님들
정녕 그런 겁니까 국회의원님들
응답해주세요 대통령님

소비자의 봄은 언제 올까요
유통마진의 함정과
브레이크 없는 생존비용의 덫에서
벗어날 날은 과연 있을까요

취업도 창업도
잡을 수 없는 무지개일 뿐
하우스 푸어, 렌트 푸어
온통 푸어(Poor) 천지입니다
소비자의 권력은 어디 있나요

가계부채 1021조 3천억 원은 모두
소비자들이 이 세상을 지고 가는

십자가입니다
대한민국에서 소비자로 살아가는 것
그것은 아마도
지옥을 경험하는
것일지도 모릅니다

Rou Kim

서울시장님, 소비자가 자살을 했답니다
Hey, mayor of Seoul, consumers have committed suicides

국회의원과 공직자 여러분
오늘도 한국 소비자가 자살했습니다
서울 송파구 석촌동 단독주택 지하방에서
60세 어머니와 30대 두 딸이
지독한 생활고를 못 견뎌
문 걸어 잠그고 번개탄 피워 동반자살 했습니다

2014년 2월 26일 송파경찰이 발견한 흰 봉투에
70만원이 들어 있었고
'주인아주머니께 죄송합니다
마지막 집세와 공과금입니다'라고 적혀 있었습니다

그렇게 세 모녀가 착하고 가련하게 죽었습니다
그렇게 서울의 착한 소비자 세 명이
또 우리 곁을 떠났습니다

존경하는 송파구청장님, 서울시장님
위대하신 장관 국회의원 총리 대통령님
오늘 대한민국 모든 국민의 이름은 소비자입니다
당신들이 사랑하는 약하고 불쌍한 소비자가
오늘도 이렇게 눈물 나게,
아무 일도 못하도록 눈물나게
자살을 했답니다
자살을 했답니다

Rou Kim

가난한 자의 기도
Prayer of the poor

지저스 산 위에서 말씀하시길
심령이 가난한 자는 복이 있나니
천국이 저희 것임이라
자본주의 말씀하시길
부자는 복이 있나니 낙원이 저희 것이라

지저스 언덕에서 말씀하시길
애통하는 자는 복이 있나니
저희가 위로받을 것임이요
자본주의 역설하시길
돈 버는 자는 복이 있나니
저희가 아파트를 받을 것이요

지저스 바위 위에서 말씀하시길
온유한 자는 복이 있나니
저희가 땅을 기업으로 받을 것이며
자본주의 강조하시길
주식투자 잘하는 자는 복이 있나니
저희가 배당금을 많이 받을 것이라

지저스 호숫가에서 설교하시길
의에 주리고 목마른 자는 복이 있나니
저희가 배부를 것임이요
자본주의 밀어붙이길
권력 있고 욕심 많은 자는 복이 있나니
저희가 탈세하고 돈세탁하여

잘 먹고 잘 살 것이라

주여,
통장이 가난한 자에게도 복을 주시고
따뜻하게 잠자고 밥 먹고 살 수 있는
기회의 은총을
내려주소서

Rou Kim

닭이 사람을 잡다
Chickens kill people

닭 좇던 사람이 닭에게 잡혀먹었어
사람이 닭을 잡아먹어야 하는데
요즘은 닭들이 사람을 잡아

조류인플루엔자(AI)로 출하 금지된
1만 7천 마리의 어여쁜 닭들을 쳐다보던
전북 김제 양계장 주인이 2014년 2월 6일
제초제 마시고 자살한 거야
잡풀 죽이자는 극약으로
자기 인생의 들판을 말려버린 거지

사람들이 닭을 먹어야 살 건데
병든 오리 닭들이 사람 다 죽이겠어

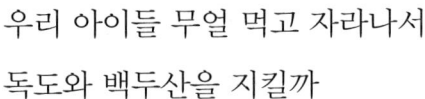

우리 아이들 무얼 먹고 자라나서
독도와 백두산을 지킬까

바다는 일본친구들이 방사능 풀고
들판엔 철새들이 독 풀고
소 돼지도 곧 인간의 입을 거부할 수 있다는데
아, 드디어 육식과 어식의 종언인가
인생은 한바탕 불어온
겨울바람에 날려가는
닭털 같은 것이었나

Rou Kim

돈이 오는 길
The way money comes

돈은
죽음을 이긴 자의 축복
하늘에서 떨어져 내리고 비처럼,
땅에서 솟아나온다 봄 아지랑이처럼

돈은
죽음을 견딘 자의 축복
허공에서 뭉쳐주고 눈처럼,
나무에서 맺혀준다 꽃처럼
그러하리라 분명히 그러하리라

돈은
죽지 않고 살아남는 자의 축복

돈은
몸서리치도록 아프게 오는 것
사랑처럼

죽음을 이기지 않고
돈은 오지 않으리

Rou Kim

죽음보다 강한 향기
Stronger scent than death

흰 보자기
그 속에 사람 얼굴이 있었어
여덟 명의 사람들 얼굴
두 손은 나무기둥에 묶이고
흐르는 눈물은 보이지 않았어
끓어오르는 분노 두려움도 읽을 수 없었어
국가란 무엇인지 권력은 왜 있는지
누군가에게 꼭 한번 묻고 싶었어
그리곤 배고파 돌아가신 어머니 얼굴이 떠올랐지

2013년 11월 3일 낮 강원도 원산에서
그들은 기관총을 맞았어

시신은 조각나고 피는 하늘로 땅으로 퍼져 나갔지
만 명의 주민이 운동장에 모였었다네
그들은 생각했지 나도 죽겠구나
남에서 온 드라마 영화 그런 걸 몰래 보면
그래도 바람은 남쪽에서 불어오는데

그 일요일,
신의주 청진 사리원 평성에서도
팔십여 명의 얼굴이 흰 보자기에 싸였었지
울지도 보지도 화내지도 못했지만
알고 싶었어
자유가 무엇인지

죽음보다 강한 향기가 무엇인지

죽음은 그렇게 왔어
그런 죽음은 또 올 거야
교회 휴대전화 배고픔
그 유혹이 있는 한

Rou Kim

아버지의 태양 어머니의 자궁
Father's sun and mother's womb

어떤 자식이 아버지의 빛나는 태양에
물을 부을 수 있나
어떤 자식이 어머니의 위대한 자궁에
흙을 덮을 수 있나
그런 법칙은 어느 우주에도 없으리
그런 원리는 어느 별에도 없으리

누가 아버지를 모시고
죽음의 바다를 건넌단 말인가
누가 어머니의 생명을 안고
죽음의 강을 건너간단 말인가

아버지 뇌에 치매가 있어도

어머니 가슴에 암이 있어도
자식은 다만 아버지를 바라볼 뿐
자식은 다만 어머니 손을 잡고 눈물 흘릴 뿐

그 누구도 죽음으로 효도할 수 없으리
그 누구도 부모 생명을 거둘
권리는 없으리

Rou Kim

하얗게 죽은 할머니
White death of a grandmother

할머니가 죽었다 하얗게
세상은 어둡고 컴컴했다
2013년 9월 30일 부산진구 초읍동의 한 주택,
할머니는 겨울옷 아홉 겹에 목장갑 손에 끼고
반듯이 누운 채 하이얗게 웃고 있었다
홀로 누운 세월 오년이었다

수년간 쌓인 공과금 독촉장
누런 탑을 이루고
겨울눈 녹고 봄꽃 피어도
여름바다 출렁일 때나 가을낙엽 구를 때도
오는 이 찾는 이 하나 없었다
지나간 시간 모두 매섭게 추운 겨울이었을거야

예순 한참 넘도록 미혼이었지
사랑도 못해 보았을까
흔한 결혼 한 번 아니 하였을까

보증금 칠백만 원 월세는 십만원
가끔 가까운 절에 다녔어
자갈치시장에서 갈치 광어도 팔아보고
손님들과 흥정하며 웃어도 보았겠지만
평생 추운 바닷가에 서 있다가
할머니는 가셨다

추운 옷 많이 껴입고
따뜻한 천국을 꿈꾸며

하얗게 하얗게 가셨다
얼룩진 그녀의 눈망울에
빨간 동백꽃이라도
피었으면 좋겠다

Rou Kim

죽음과 아름다움
Death and beauty

모든 것은 사라져
눈앞에 보이는 것은
다 헛되고 또 헛되어
촛불 앞에 놓인 해골처럼
해골을 지키는 촛불처럼
시간의 모래바람 속에서
꺼지고 사라지고 잊혀지지

카드연체 대출금 신용불량 모두
자본주의의 깊은 토굴 속에 묻혀 썩어버릴테니
그대 아름다운 생명을 더는 괴롭힐 이유 없으리
자살도 헛되고 헛된 일
그것도 욕망이 있어 하는 짓

부채탕감 괴로움의 망각 고통의 종말
그 욕심들마저 버리고 보면
자살도 결국은 헛된 욕망일 뿐

고통은 어떤 죽음으로도
사라지지 않는 실루엣
때가 되면 모든 괴로움
햇빛 아래 이슬처럼 사라지리니
시간의 신이 부를 때까지 살아남아
작은 꽃을 피우는 것이
아름다움이어라

Rou Kim

저항하라 소비자여

Protest, consumers

너무 힘들고 억울해서
이런 구호라도 외쳐야 겠습니다 .
너그럽게 이해해주시고 나누어 먹읍시다
살 수가 없습니다
유통의 먹이사슬 높은 곳에 계신 분들이여
그럼 이제 들어갑니다 작년에 왔던 각설이처럼

일어나자 소비자여
저항하자 소비자여
뭉치자 소비자여

대기업 재벌 체인본사에 저항하고

백화점 할인마트 명품점에 대항하자
싸워서 독립하자 소비자여
소비자의 밝은 아침은 오리니
소비자 사회가족의 행복한 날은
끝내 오리니

소비자들은 연대하자
소비자 마진의 해방
소비자 수익의 쟁취
소비자 시장참여의
영광을 위하여

찾으라 싸우라 꿈꾸라
물가의 질곡, 부채의 압박
실업과 신용불량의 덫에서
한국 소비자는
살아남아야 하리니

Rou Kim

커피 향기
The aroma of coffee

밥냄새 별냄새 커피향기가
그립지 않은가 친구야
생명은 연결인데
그 연결선을 끊어버렸으니
너 얼마나 외로울까
진실로 외롭다는 거 죽어보니 알겠지

된장찌개 냄새 소고기 미역국 냄새
햄버거 냄새도 너무나 그리울 거다
삶도 그리움인데
죽음은 또 얼마나 긴 그리움이겠니

미안하다 널 말리지 못해서

난 그것이 정말로 미안해 가슴 아플 뿐이야
지하철 속에 강남사거리에 카페에
네가 살아 있는 것만 같아

그러니 넌 나쁜 놈이지
날 이토록 괴롭히고 있으니
친구야 돌아와
밥 한 끼 같이 먹자
커피 한 잔 같이 마시자

Rou Kim

살아있는 사형수들
Condemned criminals

서울 뉴욕 베이징 파리 도쿄
살아있는 모든 이들은 사형수다
남자건 여자건
살 시간 정해져 있는
갓 오브 타임(God of Time), '시간의 신'에게서
사형언도 받아놓은 사형수들이지

그래서 열심히들 살아보려 하는 거지
맛난 거 먹고 치열하게 일하고
돈 벌고 섹스의 추억도 가져보고
기차여행도 하고 달빛도 쳐다보고

어차피 우주의 시간 저 밖으로

추방될 테니까 언젠가는
삶으로부터 방출되기 전까진
미친 듯이 살아보자는 거지
긴장감 있게 때로는 괴롭더라도

삶의 저 끝에서 들려오는
죽음의 세계로 떠날 시간을 알리는 뱃고동 소리를
서둘러 달려가 들을 필요는 없겠지
그 티켓은 예약하지 않아도
지갑 속에 넣어놓지 않아도
언젠가는 타게 되니까
새치기하지 말자 치사하고 비겁하게
다 같은 사형수끼리

Rou Kim

쓸쓸한 남자
Solitary man

전쟁에서 패하고
카지노를 나설 때
차창에 맺힌 새벽이슬이
왠지 슬픈 꽃처럼 울고 있는 것 같아
차 안에 들어가 펑펑 울어본 적이 있었지

워커힐 마카오 라스베이거스에서
열 시간 스무 시간의 게임 끝에
모든 걸 다 잃고 쓸쓸히 카지노를 걸어 나오며
뛰어내릴까 폭파시킬까 총을 쏠까 하는
생각을 해보기도 했었지
그렇게 저지르고 영영 사라진 친구들도 있었지

무작정 차를 몰아 강으로 달려가다가
문득 당신 얼굴이 보여서
불쌍한 그대 모습이 떠올라
집으로 돌아왔었지

밤새 빈 하늘을 지키다
지친 초승달처럼 당신은
하얀 얼굴로 눈을 뜬 채 잠들어 있었지
미안해 사랑해 그런 거짓말도 못하고
나는 그때 이후 십여년을 죽은 남자로 흘러왔었지
이제 다시 살고 싶어
사랑하고 싶어

Rou Kim

양공주 마을의 추억
Memories of foreigners' whore town

미군부대 남문 앞을 지나
길 건너가면
양공주 마을이 있었다
더운 여름 양공주 누나들은
야릇한 치마 입고 집 앞에 나와
담배 피우며 즐거워했었다

어느 날 담임선생님 모시고 가정방문 다닐 때
그 골목을 지났다 누나들은 짓궂게
'학교종이 땡땡땡 어서 모이자'를 합창했다
빡빡머리 중학생이던 우리 친구들과
얼마 전 새로 오신 예쁜 여자 국어선생님은
모두 얼굴이 빨개졌었다

누나들은 우리에게 미군병사들이 쓰던 콘돔에
물을 가득 넣은 놀이 공을 선물로 주었다
국어선생님은 가을소풍 가기 전날 풍금을 치시며
트윈폴리오의 '하얀 손수건'을 불러주셨다

그 시간들은 세월의 바람 속으로
미군부대와 누나들을 데리고 사라졌다
그때 우리는 배고팠었다
그때 우리는 꿈을 먹고 살았다

Rou Kim

소년은 짐승처럼 죽었네
A boy died like an animal

청주 하늘에 달이 떴는데
통통하게 살찐 반달은 소년의 얼굴을 닮았는데
가을바람이 달의 얼굴을 무심히 스치고 지나가네
하지만 소년은 죽었네
짐승처럼 울부짖다 쓰러졌네

2013년 10월 11일 새벽 1시 반부터 5시까지
소년은 두 손 묶인 채 목검으로
온몸을 수없이 맞았다네
너무 아파 죽을 것 같아 살려달라 애원했다네
학교 검도부 코치는
'이렇게 맞아도 안 죽어'하며 더 때렸다네
소년의 어머니는 "아들이 술을 마시고 늦게 왔으니

잘 훈계해달라"고 선생에게 전화했었다네

소년은 죽을 몸을 끌고
엄마집으로 돌아와 쓰러졌네
무심한 어미는 아침에 이불을 덮어주려다
아들의 주검을 보았지
어미가 울었는지 울지도 못했는지
신문은 말하지 않았네
꽃처럼 피어나고 보름달처럼 커질 아름다움이
그 속에 있었는데
소년은 짐승처럼 맞고
바람에 피를 날리며 사라졌네
국립과학수사연구원은 소년의 사체를

부검해볼 것이라 했네
한국사회의 사체는
누가 어디서 부검해볼 것인지……
총리실 검찰청 서울대 삼성전자? 아님 교회 절?

소년아 저 하늘에 다시 반달이 뜨거들랑
늑대로 환생해서 네 선생들의 정신을 물어뜯고
네 어미의 영혼을 물어뜯어라
그리고 슬픈 늑대의 울음으로 울어라
반달이 뜰 때마다 반달이 뜰 때마다

Rou Kim

맥도날드 할머니를 그리며
IN memory of Mcdonald-grandmother

서울 정동 맥도날드
거기서 많은 밤을 지새웠지
예순다섯 언덕 넘어 팔년간
가벼운 몸 하나 뉘일 곳 없어
스타벅스 맥도날드 오가며
지친 몸 외로운 맘 달랬어
거기 가면 오래 전에 지나간 젊음이 보였고
별보다 반짝이는 시간들이
보석처럼 빛나는 청춘들과 어울려
재잘대는 걸 보며 즐거워했지

아메리카노 한 모금에 늙음을 위로받고
누군가 남기고 간 카페라떼 반 잔이면

아직 살아 있는 게 행복했어
아는 이 떠나고 모르는 이 흩어져가고
저축도 동이 나고 연금도 막혔지만
밤마다 불 켜진 패스트푸드점에 앉아
암세포 같은 고독을 벗 삼았지

너무 예쁘고 똑똑해 결혼은 아니 했었네
프랑스어과 졸업, 외무부 십오년 근무
어느덧 세월 지나 일흔셋,
2013년 여름 유난히 무더울 때
송파새희망 요양원에서 심폐정지로 사망
본명 권하자, 별명 맥도날드할머니, 유족 없음
누구나 늙어 죽으리 그녀처럼

Rou Kim

5부

죽지마 살아줘
Don't commit suicide please survive

꽃은 왜 피는가
Why do flowers blossom

세상을 만나려고
꽃망울은 터진다
지독한 고독을 깨뜨리려
꽃은 깨어난다

뿌리에 슬픔이 있어
꽃은 일어난다
가슴에 서러움이 있어서
꽃은 핀다

꽃들의 평생 소원은
다음꽃을 피우는 것이다

Rou Kim

커피의 외침
A shout of coffee

나는 커피다
커피가 말한다 청춘에게
잠에서 깨어나라 나를 마시고
에스프레소 카페라떼 아메리카노
아님 백 원짜리 커피믹스나 자판기 커피
아무 거라도 좋다 나를 마셔라
그리고 일어나라

나는 커피다
커피가 고백한다 그대에게
나는 너를 사랑한다
만지고 싶다 그대를
그러니 나를 마셔다오, 그대 청춘의 입술로

죽음의 미몽에서
그대가 깨어나게 할 수 있도록

나는 커피다
커피가 춤춘다 청춘 앞에서
나를 마시고 취해다오
삶에 취해다오
죽음의 꿈에 휘둘리지 말고
나의 유혹을 받아주오

나의 알몸을 만지고 볶고 부수고 씹고
핥고 빨아주오 그대 청춘이여
나의 맨살보다 더 향기로운

영혼까지 먹어다오
그대 붉은 입술과 따뜻한 심장으로

나 그대와 함께
그대 몸 속에서
오래 살고 싶소

Rou Kim

왜 죽나
Why die

왜 죽나
끝이라 생각하나
모든 게 끝나주길 바라는가

그렇지 않아 끝나는 게 아니야
새로운 고통의 시작이야
그러니 자살할 필요가 없어
고통은 바람 같고 구름 같은 것이야

죽을 열정으로 산에 가라
바다에 가라
갔다 왔으면 주민센터에 가라
새누리당에 물어보라

새정치민주연합에도 문의하라

남경필 정몽준 박원순 김한길
안철수 박근혜님 들께
편지를 써라 그리고
죽지마라
답장 올 때까지
기다려라

Rou Kim

죽은 자의 후회
Regret of dead men

지나고 보니 고통도 즐거움이었어
떠나고 보니 눈물도 아름다웠어
육체를 잃고 나니 싸움조차 그리워져
돌아갈 수 없는 그리움 되돌릴 수 없는 후회
아, 그걸 이제 와서 느끼다니
할 수만 있다면 여기서 탈옥하고 싶다

출렁이는 바다 아침태양 너무도 보고 싶어
여긴 그게 없어 시원한 바람 5월의 장미
떨어지는 낙엽마저 미치게 갖고 싶어
가로수거리 커피빈 재즈클럽, 걷고 싶다
육개장 낙지볶음...... 아 내가 정말 미쳤었나봐

죽는 게 아니었는데
내가 원한 건 이런 미친 그리움이 아니었는데
돌아가고 싶다 서울로 도시로 회사로
가서 웃고 싶다 가서 먹고 싶다
가서 싸우고 싶다 돌아가서 키스하고 싶다

살아나서 결혼하고
섹스하고 싶다
아기 낳고 싶다
아, 다시 살고 싶다
한국에서

Rou Kim

안 죽는 게 경쟁력이야
Survival is competitive power

죽지 마
당신에게
사회가족이 있잖아
잘 못 느끼겠지만
분명히 있어 외롭지 않은 거야

죽지 마
안 죽는 게 경쟁력이야
안 죽는 게 이기는 거야
살아남는 게 복수하는 거야

남아
견뎌

버텨
인상 쓰며
웃어 봐

Rou Kim

미군부대의 추억
Memories of US army base

인천 부평에 미군기지가 있었다
부대 안에는 미군과 총과 대포와 자동차와
달러와 먹을 것들이 잔뜩 있었다 1960년대에
토요일엔 음악과 댄스와 술과 여자들이 넘쳐났다
부대 밖에는 한국인들이 있었고
돈과 자동차와 음악과 먹을 것은 없었다
대신 가난과 열망과 도둑과 싸움과
양공주들은 많았었다

철조망 둘러쳐진 부대 안에서 밖으로
버터 치즈 닭기름 초콜릿 위스키 콘돔
그리고 달러와 영어가 흘러나왔다
밖에서 안으로는 젊은 백인 흑인 미군들이

주말 섹스의 추억과
'손들어 개새끼 죽여 씨발놈 지갑 내놔'같은
한국말을 가지고 들어갔다

그때 열 살 먹은 초등학교 3학년
내 친구 종철이는
삶은 고구마 세 개를 너무 빨리 먹다가
목이 막혀 죽었다
그때 내 친구 누나 순자는
미군 애인한테 달러와 버터를 많이 받아
좋아하다가
어느 날 미군병사와 함께 권총으로
동반자살을 했다

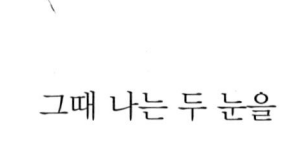

그때 나는 두 눈을 반짝이며
왜 한국은 가난하고
미국은 부자일까
하고 생각했었다

Rou Kim

돌아와 바보야
Come back, my friend

그대 어딜 가는 거야
죽음이 어딘데 거길 가려는 거야
거기 누가 있다고 그리 가는 거야

헤밍웨이 최진실 그들을 만나거들랑
물어봐 행복하냐고
너 혼날 거야 왜 왔냐고
너 더욱 힘들고 고통스러울지도 몰라
거긴 북극보다 춥고 어두운 곳이거든

돌아와
죽음이 어딘데 거길 가려는 거야
너 혼자 얼마나 더 쓸쓸하려고

너 혼자 얼마나 더 고독하고 우울해 하려고

바보야
추운 겨울엔 마음에 불을 피워야지
어찌 사랑의 불을 비벼 밟고
떠나려는 거야
바보야 바보야
돌아와

Rou Kim

정도전, 맹자를 불태우고
Jeong Dojeon, after burning Mencius

그는 맹자(孟子)를 불에 태웠다
자신의 비겁함과 약함을
함께 불태워 버렸다
그리고 새 사람이 되기로 했다

그는 맹자를 졸업했다
임금이 왕 노릇 못하면
왕의 성을 갈아도 된다는 번갯불을 가슴에 안고

정도전은 썩은 나라를 바꾸기로 했다
아니 죽이기로 했다
새 인물을 찾아 나섰다

그는 새 나라를 세우기로 했다
백성이 배고파 죽지 않아도 되는
백성이 사람답게
대접받고 살 수 있는

Rou Kim

죽지않는 사람들 이세돌, 박정환
Lee Sedol, Park Jeongwhan never die

죽지 않는다
죽을 것 같아 보여도
쉽게 안 죽는다
패배의 숲 속에서
앞길 막는 나무들 베고 자르며 나온다

그들은 죽지 않는다
어떤 적들 앞에서도 무릎 꿇지 않는다
중국 앞에도 일본 앞에서도 당당하다
오늘 반상에서 패하면
내일은 다른 반상에서 이기리라
쓴 미소를 지으며

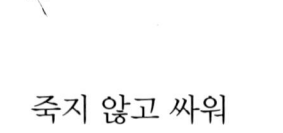

죽지 않고 싸워
살아나오는 것이 승부사다
살아남는 것
그것이 승리하는 것이다
살아남는 것이 행복이다

Rou Kim

왕따의 각오
Determination of a Wangda

네가 나를 괴롭히면
나는 일어날거야
너희들이 나를 왕따시키면
나는 웃으면서 참을거야

네가 나를 때리면
나도 너를 칠 수 있어
너희들이 나에게 뭇매질을 해도
나는 저항할 수 있어
법과 경찰과 학교가 내편이니까

너희들이 나를 죽도록 괴롭혀도
나는 절대 죽지 않아

너희들이 죽을 때까지
나는 살아남을 거야

나는 너희보다 강하니까
나는 너희보다 위대하니까
나는 일어날거야
하하하하하 웃으며......

Rou Kim

한강의 행위예술
Performing art on the Hanriver

한강을 볼 때마다 구토증이 나는 것은
그때 너무 많은 똥물을 먹었기 때문일 게다
차키 구두 양복 모두 강변에 놓아둔 채
맨발로 조용히 다리 위를 걸어가는 것은
마치 행위예술 같았다

하지만 웬일인가 세상을 떠나려니
아름다운 것들이 눈에 보이니
뺨을 스치는 가을공기 폐로 들어오는 산소
생각나는 사람들과 얼마 안 되는 추억들
눈물방울이 입술을 타고 들어와
짠 맛이 느껴지는 순간
내 몸은 한강 수면을 향해 점프하고 있었다

너무 늦었어 네가 다시 이 세상을
용기있게 살아가기는
누군가의 그런 음성을 들으며

나는 한강에서 죽고 싶었다
수많은 고구려병사들 백제군인들 신라장수들이
싸우다 빠져 죽었을 그 강에서
못난 사람들이 이 위대한 강에서
별 볼일 없이 죽지는 않았기를 바라면서
이유 없이 죽는 마지막 사람이 나이기를 바라며

한강은 넓고 길었다 어디가 시작이고 끝인지
어디가 천국이고 지옥인지 분간도 못한 채

정처없이 몇십 년을 한강 속에서 헤맨 것 같았다

아주 많은 탁하고 더러운 똥물이
나의 몸을 씻어주고
마음을 닦아주고
꽉 막힌 영혼을 뚫어주었다
그리고 나는
깊은 잠에서 깨어났다

Rou Kim

자살은 추하다
Suicide is dirty

죽음은 추하다
아름답지 않다
자살은 추하다
거룩하지 않다
자살은 추하다
행복할 수 없다

스스로 생명을 끊는 것은
땅 위 하늘 아래서
가장 큰 죄악일 뿐
스스로 가는 것은
어떤 이유로도 아름다울 수 없으리

우주에서 얻은 생명을
스스로 포기하는 것은
어떤 명예도 자유도
얻을 수 없다
자살은
오직 추하다

Rou Kim

겨울에 죽는 바보에게
To my friend dying in winter

바보야
겨울에 죽지 마라
겨울은 죽으라고 있는 게 아니야
겨울엔 쉬는 거야
봄이 올 때까지 웅크리고 기다리는 거야

바보야 추운 겨울에 자살하지 마
겨울은 죽는 시간이 아니야
흙 속에서 꿈꾸는 시간이야
배고파도 참고 손발이 시려도 참는 거야
바보야 하늘을 보고 해를 보고
달을 보고 별을 봐
거기서 불어오는 바람소릴 들어봐

개구리처럼 숨어 있고 뱀처럼 잠을 자고
곰처럼 새날을 꿈꿔 봐

사랑하는 바보야 겨울에 떠나지 마
차라리 속 따뜻하게 소주 한 잔을 마시자
겨울은 사라지는 시간이 아니라
기다리는 시간이야
봄을 기다리고 사랑을 기다려봐

바보야 봄은 오리니 그대 가슴에
노란 개나리 붉은 철쭉꽃
꼭 피어나리니

Rou Kim

꽃은 혀를 깨물지 않는다
Flowers never kill themselves

강이 스스로 멈추던가
산이 꿈을 버리고 무너지던가
들이 스스로 가라앉던가
꽃이 저 혼자 혀를 깨물던가
나무가 자기 뿌리를 뽑아가던가

늑대가 목을 매던가 참새가 번개탄을 마시던가
개미들이 홀로 우울해하던가
개구리가 죽지 못해 울던가
들소가 가시덤불로 배를 찌르던가

일어나자 괴로워도 웃자
그게 삶이거니

걷자 흙을 밟고 바람을 마시고 햇빛을 씹으며
산을 보고 강물에 말을 걸고
꽃향기를 훔치며 들판을 건너보고
하늘을 쳐다보며 감사하다 외쳐보자
생명을 주셔서 고맙다고
한 번 멋지게
사랑하며 살겠다고

Rou Kim

어느 행운의 아침
A lucky morning

까악 까악
그녀가 울더니
함박눈이 내렸다

아침 출근 길
집 앞 전깃줄에
커다란 암컷 까마귀 한 마리가
목청 좋게 울어대는 소릴 듣고
마음속에 행복감이 솟아났다

차를 몰고 경춘 고속도로를 달려오는 길
또 다른 까마귀 예닐곱 마리
예사롭지 않게 찻길 위에 소풍을 나왔네

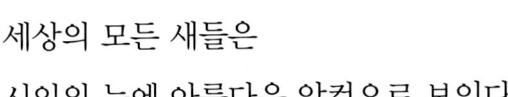

세상의 모든 새들은
시인의 눈에 아름다운 암컷으로 보인다

행운과 행복은 언젠가는
까마귀처럼 찾아 올 수도 있으리니
친구야 살아 있어야 한다
오늘은 정말 좋은 일이
있으려나 보다

Rou Kim

죽고 싶을 땐
When you want to die

죽을 때는
사랑 책임지고 가라
죽을 때는
그대 생명의 욕망 앞에
후회 없는지 부끄러움 없는지
생각하고 물어보고 가라

죽을 때는 떠나고 나서
웃을 수 있을 때만 가라
죽을 때는 삶의 열매
다 맺었다 생각될 때 떠나라

죽을 때는 그대로 인해 아무도

괴로워하지 않을 때 죽어라
죽을 때는 그대 예쁜 딸에게
물어보고 죽어라

죽을 때는
정말 자신 없을 땐
죽음을 포기해라

Rou Kim

하늘도 때로는 죽음을 생각한다
Sometimes even the Heaven thinks about dying

때로는 하늘도
죽고 싶을 때가 있고
때로는 땅도
죽고 싶을 때가 있을 게다
비오고 눈 내리고 바람 부는 세상에서
하물며 사람이랴

하지만 하늘은 죽지 않는다
하늘만 바라보고 사는 이들이 있어서
땅도 절대 스스로 죽지 않는다
사랑하는 자들이 있어서

사람만 왜

스스로 죽고자 하는가
자기를 바라보는 자들에게 책임감 없어서다
사랑하는 이를 갖지 못해서다
생명은 흙 같은 사랑이고
생명은 하늘 같은 책임이다
살자
사랑을 위하여

Rou Kim

흰 꽃가마 타고
Riding a white flower-wagon

올 때 그랬듯이
갈 때도 혼자 가는구려
장례식장에서 그는 웃고 있었다
잘 자란 아들은 장승처럼,
낼 모래 시집갈 딸은 향나무처럼 세워놓고서
그는 눈웃음 치고 앉아 있었다

살아생전 그의 집에 온 듯
고사리 푹 끓인 육개장에 밥 한 그릇 말아먹는데
구름에 가린 초승달처럼
웃는 듯 울고 있던 형수씨가 다가와
백혈병이 그를 흰 꽃가마에 태워
데려갔노라 했다

그렇게 그는 폭설 내린 신촌길을
오뎅냄새 튀김향기 맡으며
하얀 꽃가마 타고
돌아 돌아갔다
막차가 끊기기 전 지하철 2호선을 타고
서둘러 한강을 건너는데
시집갔다 돌아온 듯 서글퍼 보이는 반달은
자꾸만 나를 따라온다

반달을 하늘에 놓은 채
도망치듯 달리는 전철소리는
영락없이 삶을 조롱하듯 멋지게 웃던
그의 목소리였다

살아있는 아들딸들아
너희들은 애비처럼
쉽게 죽지 말고
꿋꿋이 살아다오
꿋꿋이 살아다오

Rou Kim

6부

누가 우리를 살려줄까
Who will save us

누가 하늘을 죽이는가
Who is killing Heaven

누가 하늘을 죽이는가
그대 안에 있는 하늘을

누가 하늘을 죽이는가
그대 부모 가슴에 사는 하늘을

누가 하늘을 죽이는가
그대 자녀 속에서 꿈꾸는 하늘을

Rou Kim

후회하는 신
Regretting God

신은 후회한다
자살하는 인간을 보고
너에게 준 생명을
차라리 저 들꽃에게 줄 걸

신께서 울어버릴 게다
네 스스로 목숨을 끊는다면,
내 영혼 담은 생명을 주었더니
그렇게 헛되이 버리느냐며

신이 기절할지도 모른다
내 형상을 닮은 생명이 너이거늘
네가 이렇게 나를 쓰레기 취급 하냐며

신께서 너무나 슬퍼하신다
네가 내 딸이고 내 아들인데
네 어찌 가스를 마시고 수면제를 먹고
목을 매고 한강에 떨어지느냐

아, 차라리 내가
저 논밭 가는 소가 될 것을
차라리 내가 저 높은 산 지키는
푸른 소나무나 될 것을……

Rou Kim

이 땅에 메시아를
Send Messiah to this land

하나님 서울을 보고 계십니까
교회 사찰은 많은데 생명이 부족합니다
기도는 많은데 구원이 없습니다
종교는 많은데 사람들은 매일 죽어갑니다

하나님 한국을 아시나요
혹시 아직도 미국 영국 바티칸 예루살렘만
기억하시는 건 아니겠지요
삼국투쟁, 조선 오백년, 임진왜란,
남북분단, 한강의 기적,
삼성전자, 현대자동차...이런 단어들로 검색하면
나오는 나라입니다

이 나라 사람들 세계에서 머리 제일 좋고
종교 제일 많이 믿고요
그리고 노동도 싸움도
이혼도 자살도 제일 많이 하고 있습니다
그래서 아마도 하나님께서 세상에 다시
메시아를 보낸다면
한국으로 보내셔야 할 것 같습니다

이 사회가 회칠한 듯 겉은 매우 화려한데
속은 확 썩고
생명은 모두 죽어 있거든요
완전 죽은 사회입니다 남도 북도
시인들조차 숨이 막혀

죽어버린 사회입니다
이 나라 문제 풀면
세상문제 풀립니다
이 땅에 메시아,
미륵을 보내주시겠습니까?

Rou Kim

발바닥 시인

A sole poet

발바닥은 양심이다
발바닥이 아프면 하늘도 아프고
발바닥이 울면 하늘도 운다
발바닥이 밟고 지나간 뒤
남는 문자들로 시를 쓴다면
그것은 발바닥 시가 될 것이다

발바닥 시는
사람들이 발바닥으로 여겨도 좋고
발바닥으로 밟고 가도 좋을 것이다
발바닥엔 삶도 죽음도 있고
발바닥엔 미움도 사랑도 있다

발바닥 그 밑엔 피가 있고 울음이 있지
웃음이 있고 고통이 있지

시인은 아마도 발바닥에서 태어날지 모른다
발바닥은 생명이니까
발바닥이 평화로우면
우리 세상도 평화로워질 텐데

Rou Kim

어머니에게 가는 길
The road to mother

어머니
청평호수 돌아돌아
경춘국도를 타고 서울 가는 길 중간에
마석 요양원으로 가고 있습니다
어머니는 오늘도 저에게
사탕 두 개를 건네주시겠지요
그리고 내가 빨리 집에 가서
네 밥을 지어주어야 할 텐데
라고 하시겠지요

어머니
저는 어머니에게 갑니다
의사에게 어머니는 치매환자고

요양사에게 어머니는 바보같은 할머니지만
어머니는 저에게 사랑스럽고 귀여운
영원한 엄마입니다
제가 무한 존경을 바칠
최고의 인간입니다

어머니 저는 오늘도
노란 바나나 한 꾸러미를 사가지고
보고 싶은 어머니에게로 갑니다
여윈 어머니 가슴을 안아드리러
어머니에게로 가고 있습니다
어머니는 저의 구세주입니다

Rou Kim

카인의 참회
Repentance of Cain

사랑받고 싶었어요
동생을 왜 돌로 치고 싶었겠어요
나는 다만 인정받고 싶었다고요
단 한 번만이라도 아버지가 나를 향해
웃는 얼굴을 보고 싶었어요
그러면 나는 돌을 들지 않았을지 몰라요

아버지는 나의 제사를 받아주지 않았죠
내 모든 노동과 열정은 햇빛 아래 이슬 같았어요
내가 왜 어머니의 죄를 뒤집어써야 하냐고요

불쌍한 건 동생 아벨이었어요
나의 분노가 그에게로 향했으니까요

왜 나를 미워하셨나요
눈물 납니다
죽어서도 눈물이 흐릅니다

동생에게 미안합니다
죽어서도 사죄합니다
동생에게 돌 던졌던 그 손을
저는 잘라버렸습니다
아버지 용서해 주세요

Rou Kim

하나님 저 좀
Oh lord, please

하나님
저 좀 도와주십시오
죽고 싶지 않습니다
하나님 저 좀 일으켜주십시오
이렇게 쓰러지고 싶지 않습니다
하나님 저 좀 살려주십시오
여기서 죽을 수는 없습니다

하나님 저를 데려가시렵니까
하나님 저
독도에 가봐야 됩니다
하나님 저
백령도에 다녀와야 됩니다

하나님 저
그 깊은 바다에서 살아나오는
붉은 태양을 조금만 더 보고 싶습니다

하나님 저 몽골사막에 가서
견딜 수 없는 고독의 끝에서 찬란하게 빛나는
그 별들을 보고 오렵니다
하나님 저를 용서해 주시고
저를 구원해 주십시오

Rou Kim

강남사우나의 오케스트라
Orchestra in Gangnam-spa

강남에 가면 사우나가 있고
거기에 가면 밤마다
오케스트라 연주가 벌어진다
공연장은 여러 개의 수면실
공연시간은 밤 12시부터

코끼리 트럼펫 불고 하마 방구 끼고
사자 트림을 한다
그러면 사람들은 모두 깨어나
정신 차리고 함께 연주에 참여하던가
맘에 안 들면 욕을 해댄다
그 놈 더럽게 코 고네 씨발,
어느 놈이 이빨을 갈고 자빠졌어 하며

그래도 연주는 밤새 이어진다
멧돼지들의 함성 두꺼비 구애의 노래
미꾸라지 떡치는 소리
그렇게 강남사우나의 밤공연은 아침까지 계속된다
그 힘과 열정은 싸이의 라이브공연을 능가한다

공연 소문은 꼬리를 물고 퍼져나가
월요일부터 일요일까지 쉬는 날이 없고
1년 열두 달 노는 날이 없다
거기엔 삶에 지친 사람들
죽음에 차인 사람들
생존을 갈망하는 자들이 온다

Rou Kim

부활하라 친구여
Resurrect my friend

친구여 부활하라
죽음이 삶의 끝 아니고
자살이 고통의 끝 아니니
부활해 돌아오라 그대여

예수 부처 누구를 믿건
누구도 아니 믿건
그대는 부활하라
여기 이 땅에 할 일 남았으니
그대는 고통스런 부활을 해야만 할 걸세
그대가 생명을 준 어린 딸을 안아주고
그대에게 삶을 맡긴 아내를 더 사랑해 줘야지

돌아오라 친구여
그대의 무덤은 아직 우주에 없네
때 아닌 때에 가버렸으니

누가 이 가을에 자살하라 했는가
누가 원룸에서 목매라 명령했는가
그대는 돌아와 삶에 과태료를 물어라
생명의 법을 어겼으니

돌아와서 다시 사랑하라
다시 살다 가라
친구여

Rou Kim

치매 할머니
Dementia grandmothers

남양주 요양원에 가면
치매 할머니들이 아홉 명 있어
그중 만석이 할머니는
매일 TV를 보며 이렇게 소리치지
'자유당 이승만 나왔다 문 닫아라
공화당 김종필 나왔다 문 닫아라'

왜 그렇게 하는지는 누구도 몰라
어떤 때는 OO당 씨를 말려라
OO당 잡아 죽여라 OO당 개새끼들아'
그렇게 할 때도 있어

정치를 좋아하는지

정치를 사랑했는지
정치와 원수졌는지
자식이 정치에게 죽임을 당했는지
아무도 몰라

남양주 요양원에 가면
매일 TV를 보며 정치인들에게 욕설하는
할머니들이 아홉 명 있어

Rou Kim

장금송을 위한 진혼가
Requiem for Jang Gumsong

파리는 안개에 싸여 있었다
그녀가 떠날 때
파리는 침묵에 묻혀 있었다
그녀가 눈물 흘리며 목을 맬 때
평양은 얼마나 먼 곳에 있는가
돈 명예 권력 그녀는 모든 걸 다 가졌었다
다만 자유를 빼고

뼈에 사무치도록 외로워도
사랑할 수 없었던 여인
돌아가고 싶어도 고향에 갈 수 없었던 여인
여자의 스물아홉 살은 아! 얼마나 아름다웠으랴
노동자의 땅 농민의 천국에서

그녀의 부친 장성택은 넘보지 못할 권력이었다
하지만 그녀는 맘대로 놀지 못했다
맘대로 사랑할 수 없었다

그래서 그녀는 죽었다 못내 울면서
돌아오지 못할 강물을 건너갔다
따뜻한 남국의 바람 한 번
옷 벗고 제대로 쏘이지 못하고
추운 땅에서 그녀는 죽었다
그대 다시 올 때는 붉은 장미 하얀 백합 제멋대로
향기 뿜어대는 남쪽 땅에서 태어나라
그때까진 잠들어 있어라
그 꿈을 꾸면서

Rou Kim

시간의 낭떠러지에 서서
Standing on the edge of time

시간의 낭떠러지에 서서
하늘을 보고 땅을 본다
여기서 나의 시간을 끝낼 것인지
여기서 나의 시간을 다시 시작할 것인지
내 시간이라는 것은
이 우주에 있었나 있었나
울먹이며

생명과 우주를 먹여 살리는
저 무한의 시간 창고 속에
내가 가질 수 있는 시간은 아직
조금이라도 남아 있기는 한 건지

시간의 낭떠러지 위에 서서
나는 운다 눈물이 난다
모르겠다 모르겠다
누구에게
물어 보아야 할까

Rou Kim

성직자의 살인
Murder of a clerk

신은 어디 숨어 계신가
성직자가 성직자를 쳐 죽일 때
신은 어디 계셨을까
신께 미안하고
신이 불쌍해 보입니다
2013년 11월 3일 그날은 그랬습니다

인천 계양구 한 교회에서
부목사였던 68세 남자가
목사인 69세 여자의 머릴
흉기로 스물여덟 차례나 때려 살해했답니다
에덴에서 카인이 아벨의 머릴 칠 때도 그랬겠지요
신이여 오천만 원 받을 게 있었답니다

신이여 왜 그랬습니까
어쩌자고 이런 사람을 창조했습니까
창조된 것이 아니고
돌연변이성 악마라고 믿겠습니다
오늘만은

그날
하늘엔 붉은 태양이 떠 있었고
신은 태양 뒤에서 땀을 흘리며
벌을 서고 있었다

Rou Kim

하나님 안녕하신지요
Hello God

안녕하십니까 하나님
자주 인사드려야 했는데 죄송하기 그지없습니다
맘속에는 늘 찾아뵈어야 한다는 생각이 차 있지만
자꾸만 고의로 그런 생각을 지워버리게 됩니다

그래서 저는 죄인입니다
감옥이나 지옥이나 어디를 가더라도
저는 할 말이 없을 겁니다
어차피 어제도 그제도
삼성을 털까 현대를 털까
한국은행 국민은행 어디를 털어볼까
많은 계획들을 세웠었지요

그렇게 흥분된 기분으로 짜릿한 날들을
많이도 보냈습니다

실행을 해도 아니 해도 저는 죄인입니다
비자카드 비씨카드 모두 연체하고
은행대출금 사채 모두 못 갚았으니
이제 곧 누군가 잡으러 올테니까요

더럽게 놈들한테 잡혀 수모를 당하느니
차라리 신에게 붙들려가
신의 감옥에서
밥 얻어먹는 게 좋겠다는
희망을 갖게 됩니다

저는 한없는 낙천론자거든요

하지만 저를 잡아가 주십사
신께 부탁을 드리진 못하겠습니다
할 일도 많으실 텐데
주의 뜻대로 하소서

Rou Kim

마리아의 기도

Prayer of Maria

주님 저는 누구입니까
주님 제가 이 아기를 낳아도 됩니까
나의 복중에 누구의 아기가 들어 있는 겁니까
저는 악녀입니까 주님의 종입니까
저는 두렵습니다
이 아기를 어이 해야 하나요
살려야 하나요 버려야 하나요

주님 제 배 속의 아기는 딸입니까 아들입니까
아기가 태어나면 산에서 키워야 하나요
호숫가에서 키워야 하나요
사막에 움막을 짓고 키울까요
마을에서 보란 듯이 학교를 보내도 되는지요

주님 내게 일러 주소서
하늘에서 빛나는 저 별들이 내게 말하게 하소서
사막 끝 동굴에서 불어오는 광풍이 답하게 하소서
갈릴리 호숫가의 올리브나무들이
내게 외치게 하소서

주님 이 아기는 도대체 누구입니까
하늘의 아이입니까 땅의 아이입니까
왕의 핏줄입니까 나그네의 자식입니까
주여 나는 누구입니까
주여 제가 영광을 보겠습니까
주여 응답해 주소서

Rou Kim

어머니의 두꺼비손
Mother's toad-hand

어머니 가슴이 멥니다
그대 이름 불러보면
어머니 그래도 부릅니다 그리워서

어머니
당신 손을 보면 서러웠습니다
내 무릎에 올려놓으신 두 손등 바라보면
코가 매웠습니다

두꺼비 등 같고 가마솥 뚜껑 같은
어머니 양손은
돌이라도 깰 것 같고
황소라도 잡을 것 같았습니다

어머니 그 손으로
젖을 주시고 밥을 하시고
책가방을 싸주셨지요
힘들고 죽고 싶었을 때도
그 큰 손으로 붙들어 주셨지요

어머니 당신 손은
무엇으로 만들어졌나요
하늘님 그 손 안엔
무엇이 들어 있나요

Rou Kim

진도 앞바다, 2014년 4월16일
Sea of Jindo, 2014. 4. 16

추운 바다
어두운 밤 깊게 내리고
우리는 죽었다 울면서 죽었다

아름다운 바다 꿈꾸어야 할 바다에서
장관도 회장도 선장도 다 도망치고
젊은 선생님 고마운 선생님
어린 제자들 가슴에 보듬고 심장에 파묻고
추운 바다로, 깊은 어둠으로 들어갔다

거짓의 인천항만, 타락한 청해진해운
일말의 직업윤리도 양심도 공동체의식도 없는
기성세대의 썩은 냄새 나는 탐욕과 비겁함 속에서

단원고의 젊은 생명 순수한 생명
아름다운 생명 이백오십 명은 물로 돌아갔다

그 꽃다운 생명들이 흘린 눈물
그 울음 울음은
바닷물보다 많고 풍랑보다 더 높게 분노하리라
산 자는 한번 울고 돌아서지만
죽은 자는 그 바다에서 영원히 울리라
그 바다 떠나지 못하고 영영 울 텐데

이 나라 이 민족,
어느 바다 위에서 다시
나라를 세우고 어느 바다 위에서 다시

민족을 일으킬 텐가

저 호랑이처럼 힘찼던 생명들
다 보내버리고
어디서 어디서...... 오, 진도의 바다여!
아, 단원의 꽃보다 아름다웠던
친구들이여!

Rou Kim

| 에필로그 **Epilogue** |

오, 저 신의 숨소리를
Oh, that sound of God's breathing

깊고 검은 죽음의 바다에서 일어나면서
붉은 생명을 보았습니다
황무지 같은 죽음의 바다에서 깨어나면서
천명(天命)을 만났습니다
백년의 고독 그 핏빛 노을 끝에서
빛나는 별이 떠오르는 것을 보았습니다

생명은 하나입니다
생명은 만유의 연결체입니다
누구도 소유하거나 빼앗을 수 없고
누구도 버릴 수 없는 것입니다

생명은 다만 사랑일 뿐이고
다만 열매 맺을 뿐이고
다만 고이 키워서 우주에
되돌려드릴 뿐입니다

죽음의 계곡에서 피어나는
한 떨기 생명의 꽃을 보았습니다
그것은 거대한 우주의 명령이었고
남극의 오로라보다 더 황홀한
신의 숨소리였습니다

Rou Kim

| 펴낸이 평가 Publisher's Valuation |

'남자의 시, 한국인의 시'
'Poem of man, poem of korean'

　루킴의 시는 남자의 시다.
　남자만이 쓸 수 있는 바위 같은 강인함과 칼처럼 날카로운 맛, 그리고 섬처럼 쓸쓸하고 고독한 멋이 있다.
　루킴의 시는 한국인의 시다.
　한국인만이 가질 수 있고 느낄 수 있는 혼(魂)과 한(恨)과 정(情)이 현대적 감각으로 녹아 있다. 그는 자신의 삶에 대한 깊은 회의와
　한국인의 자살현상에 대한 뼈아픈 공감과 저항과 민족애가 강렬하게 엉킨 정신세계로 시들을 빚어 냈다.

그런 면에서 루킴의 시는 한국사회와 한국 독자들에게 드릴 수 있는 작은 선물이라고 할 수 있겠다.
루킴의 시는 서민의 가슴을 위로하고 대변한다.
그의 시는 매우 용감하기도 하다.
자살에 대해, 정치에 대해, 자본주의에 대해,
망언을 일삼는 일본총리에게까지도
과감하게 총과 칼을 겨눈다.
그래서 루킴의 시는 대중적 사랑을 받을 만하다.
루킴의 첫 시집 〈죽지마 살아줘〉는 그가 앞으로
새로운 주제의 시 창작을 통해 한국 사회와
현대문명에 대해 많은 발언을 하게 될 것이라는

기대를 갖게 한다. 출판사 발행인으로서 시인 루 킴의 등장과 발견은 매우 가치있는 보물을 얻은 느낌이다. 이 책을 만드는 동안 진도 앞바다에서 해양 대참사가 발생해 꽃다운 나이의 수많은 생명들이 희생된 것에 대해 슬픔을 금할 수 없다.

앞으로 좀더 투철한 직업윤리와 사회적 책임감에 대한 인식이 커져야 되겠고, 사회가족에 대한 개념이 온 국민의 가슴에 깊이 새겨졌으면 좋겠다.

2014년 5월
김현일 (가슴KASSM 대표)

죽지마 살아줘
Don't commit Suicide Please Survive
ⓒ루 킴 2014

첫판 1쇄 펴낸날 2014년 5월 27일

지은이 | 루 킴(Rou Kim)
펴낸이 | 김현일
표지디자인 | 우일미디어디지텍
본문디자인 | 우일미디어디지텍
인쇄제작 | 우일프린테크

펴낸곳 | 가슴KASSM
등록번호 | 제2014-000045호
등록일자 | 2014년 3월 27일
주소 | 서울시 송파구 백제고분로 12길 24-17 403호
주문과 독자의견 전화 | 010-6783-5378
이메일 | blessme123@naver.com

값 11,000원
ISBN 979-11-952896-0-8 (03800)

· 이 책의 판권은 지은이와 가슴KASSM의 소유이며, 이 책 내용의 전부 또는 일부를 재사용하려면 반드시 양측의 서면동의를 받아야 합니다.
· 큰 독자가 큰 책을, 뜨거운 독자가 뜨거운 책을 만들게 합니다. 가슴KASSM은 뜨거운 가슴으로 만든 작품만 출판하겠습니다.